6주 만에 완성하는
초등 교과서 문해력 챌린지

copyright ⓒ 2025, 김영주
이 책은 한국경제신문 한경BP가 발행한 것으로
본사의 허락 없이 이 책의 일부 또는 전체를 복사하거나
전재하는 행위를 금합니다.

6주 만에 완성하는
초등 교과서 문해력 챌린지

김영주 지음

한경키즈

저자의 말

읽고, 묻고, 생각하는 문해력 챌린지를 시작하세요

여러분, 책을 읽다가 혹시 이런 경험을 해 본 적이 있나요? 글이 눈앞에 있는데 무슨 말인지 잘 이해가 되지 않거나, 읽긴 읽었는데 기억에 남지 않은 적 말이에요. 책을 잘 읽는다는 건 단순히 글자를 읽어 내는 것이 아니라, 글의 내용을 제대로 이해하고 자기 생각으로 받아들이는 것을 의미합니다. 이 능력을 바로 '문해력'이라고 해요.

요즘 많은 초등학생들이 교과서를 읽고도 내용을 잘 이해하지 못해 어려움을 겪고 있다는 이야기를 자주 듣습니다. 학교 수업 시간에도 교과서 내용을 묻는 질문에 제대로 대답하지 못하거나, 문제를 풀 때 글의 의미를 놓쳐서 오답을 고르는 경우가 많죠. 저 역시 교실에서 이런 모습을 여러 번 보았어요.

문해력을 키우기란 쉽지 않습니다. 단지 글을 많이 읽는다고 해서 자연스럽게 좋아지는 것이 아니에요. 문해력을 높이려면 무엇보다 단어를 많이 알아야 합니다. 만약 글 속에 단어가 100개 있다고 하면, 그중 모르는 단어가 5개 이하일 때 비로소 그 글을 잘 이해할 수 있다고 해요. 모르는 단어가 10개 이상 넘어가면 글을 읽어도 무슨 말인지 잘 이해가 되지 않는 거죠.

그래서 저는 결심했습니다. 6주 동안, 재미있고 알찬 구성으로 초등 교과서 문해력을 확실하게 키울 수 있는 책을 만들자! 이 책은 단순한 읽기 연습이 아닙니다. 초등 교과서에 등장하는 핵심 내용을 바탕으로 문해력, 어휘력, 배경지식, 사고력을 단계별로 훈련할 수 있도록 구성했습니다. 그리고 그 모든 과정을 '질문'으로 연결했어요.

문해력을 키우기 위해 가장 먼저 필요한 건 '어휘력'입니다. 글 속 단어 중 모르는 단어가 많으면 내용을 온전히 이해하기 어렵죠. 그래서 첫 번째로 '단어 콕콕!' 코너를 통해 꼭 알아야 할 핵심 단어를 쉽고 재미있게 설명합니다. 두 번째는 '퀴즈 콕콕!'으로 내용을 잘 이해했는지 점검해 볼 수 있어요. 세 번째는 '문해력 콕콕!'인데요. 여기서는 친구나 선생님과 주고받는 대화 형식으로 질문을 던지고, 함께 답을 찾아가는 과정을 담았습니다. 네 번째 '배경지식 콕콕!'에서는 교과서 내용을 더 깊고 넓게 이해할 수 있도록 흥미로운 이야기와 연결된 정보들을 소개합니다. 이 과정을 통해 우리는 글을 훨씬 더 빠르고 정확하게 이해할 수 있습니다.

마지막으로 중요한 것은 '생각하는 힘', 즉 사고력입니다. 생각하는 힘을 기르려면 좋은 질문이 꼭 필요하지요. 질문은 우리를 더 깊이 생각하게 하고 호기심을 자극하며 궁금증을 키워 줍니다. 스스로에게든 친구나 부모님, 선생님에게든 질문을 던지고 답을 찾는 습관을 꼭 길러 보세요. 질문하는 습관은 수동적인 독서를 능동적이고 적극적인 독서로 바꿔 줍니다.

이 책은 바로 그런 질문의 힘을 믿고, 질문을 통해 여러분의 사고력을 높여 주려고 고민했습니다. 각 본문은 "분수는 왜 만들어졌을까요?", "왜 달에서는 사람이 살 수 없을까요?"처럼 호기심을 자극하는 질문으로 시작합니다. 6주의 문해력 챌린지를 통해서 여러분은 글을 읽고 이해하는 힘은 물론, 스스로 질문하고 생각하는 힘까지 기를 수 있어요. 더불어 교과서를 이해하는 힘이 생겨서 자연스레 공부 자신감도 생길 거예요!

기술이 발전하면서 사람의 일을 AI가 대신해 주고 있어요. 그렇지만 글을 읽고 이해하며 생각하는 힘은 오롯이 여러분의 몫입니다. 글을 읽고 이해하고, 그 의미를 내 것으로 만드는 능력은 여러분 스스로 키워야 할 중요한 힘임을 잊지 마세요.

《6주 만에 완성하는 초등 교과서 문해력 챌린지》는 눈으로 읽고, 마음으로 이해하며, 머리로 생각하는 '진짜 독서력'을 만들어가도록 구성되어 있습니다. 질문하고, 탐구하고, 깊이 사고하는 습관을 통해 생각하는 힘을 키우고 다양한 단어와 풍부한 배경지식을 얻으며 문해력을 크게 발전시키기를 바랍니다. 늘 질문하고 생각하며 지혜롭게 성장하는 친구들이 되기를 진심으로 응원합니다!

김영주

오늘도 도전!
6주 만에 완성하는 초등 교과서 문해력 챌린지

국어, 수학, 사회, 과학 교과서 속 개념을
문해력으로 연결하는 챌린지가 시작됩니다!
매일 도전할수록 이해력과 사고력이 자라요.
나만의 문해력 레벨업을 완성해 보세요.

1주   Check

- **DAY 1** [국어] 매체가 무엇인가요? ☐
- **DAY 2** [수학] 이 세상에서 가장 큰 수는 무엇일까요? ☐
- **DAY 3** [사회] 이 세상에서 자동차가 모두 사라지면 어떻게 될까요? ☐
- **DAY 4** [과학] 물질과 물체의 차이는 뭘까요? ☐
- **DAY 5** [국어] 그 사람은 어떤 마음이었을까요? ☐
- **DAY 6** [수학] 자가 없다면 무슨 일이 일어날까요? ☐

2주   Check

- **DAY 1** [사회] 전화기가 없던 시대, 옛날 사람들은 어떻게 연락했을까요? ☐
- **DAY 2** [과학] 어떤 물건이 자석에 달라붙을까요? ☐
- **DAY 3** [국어] 모르는 단어의 뜻을 아는 방법은 뭘까요? ☐
- **DAY 4** [수학] 먼저 더할까요, 나중에 더할까요? ☐
- **DAY 5** [사회] 바닷가 동네 사람들은 어떻게 생활하나요? ☐
- **DAY 6** [과학] 왜 달에서는 사람이 살 수 없을까요? ☐

3주   Check

DAY 1	[국어] 더 재미있게 표현해 볼까요?	☐
DAY 2	[수학] 같은 수를 여러 번 더하는 것보다 더 간편한 방법이 있다고요?	☐
DAY 3	[사회] 지도를 보고 찾아갈 수 있나요?	☐
DAY 4	[과학] 위장술이 뛰어난 동물들이 여기 숨어 있었네요?	☐
DAY 5	[국어] 사람의 성격을 MBTI보다 더 정확하게 알아보는 방법이 있다고요?	☐
DAY 6	[수학] 똑같이 나눠 가지면 내 몫은 얼마일까요?	☐

4주   Check

DAY 1	[사회] 우리 동네에 옛날 보물이 있었다고요?	☐
DAY 2	[과학] 소리는 어떻게 우리 귀에 들릴까요?	☐
DAY 3	[국어] 말 한마디로 천냥 빚을 갚을 수 있는 대화 예절이 있다고요?	☐
DAY 4	[수학] 너는 무슨 삼각형이니?	☐
DAY 5	[사회] 동네 사람들이 왜 서로 싸울까요?	☐
DAY 6	[과학] 식물은 어떤 조건에서 잘 자라나요?	☐

5주   Check

DAY 1	[국어] 사실과 의견은 어떤 차이가 있나요?	☐
DAY 2	[수학] 사각형마다 특징이 다르다고요?	☐
DAY 3	[사회] 원하는 모든 것을 다 가질 수 없는 이유가 뭐예요?	☐
DAY 4	[과학] 몸무게가 가벼운 동생과 시소를 재미있게 즐기는 방법이 있나요?	☐
DAY 5	[국어] 중요한 내용을 쉽게 요약하는 방법이 있나요?	☐
DAY 6	[수학] 분수는 왜 만들어졌을까요?	☐

6주   Check

DAY 1	[사회] 경제가 뭐예요?	☐
DAY 2	[과학] 물의 또 다른 이름을 알고 있나요?	☐
DAY 3	[국어] 한글이 위대한 이유가 뭐예요?	☐
DAY 4	[수학] 소수는 어디에 쓰이나요?	☐
DAY 5	[사회] 옛날에는 형제가 많았다고요?	☐
DAY 6	[과학] 왜 산에서 불이 나오고 땅이 젤리처럼 흔들릴까요?	☐

이 책은 이렇게 활용하세요!

- 국어·수학·사회·과학의 교과 성취기준에 맞춰 구성되어 학교 수업 전후 개념 정리에 효과적이에요.
- 하루 10분, 한 지문씩, 챌린지 형식으로 스스로 도전하며 학습 동기를 유지할 수 있어요.
- 글을 읽기 전 질문에 대한 답을 미리 생각해 보고, 본문을 읽은 뒤 질문에 대해 스스로 답해 보세요.
- 읽은 내용을 바탕으로 퀴즈를 풀며 비판적 사고력과 표현력을 동시에 배울 수 있어요.

이 책은 이렇게 구성되어 있어요!

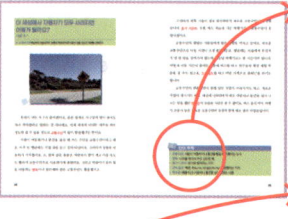

단어 콕콕: 어려운 단어는 꼭 확인하고 넘어가세요. 문장의 앞뒤 흐름을 살펴보며 단어의 뜻을 예상하고 확인해도 좋습니다.

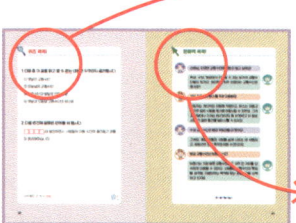

퀴즈 콕콕: 본문의 내용을 잘 이해했는지 확인해요. 보통은 힌트가 본문에 그대로 나와 있어요. 하지만 말의 뜻은 비슷하더라도 표현이 다른 경우도 있으니 문장의 뜻을 잘 생각해 보세요.

문해력 콕콕: 학생들이 궁금해하거나 어려워하는 내용을 질문과 대화를 통해 알아볼 수 있어요. 실제로도 이렇게 질문하고 대화하는 습관을 길러 보세요.

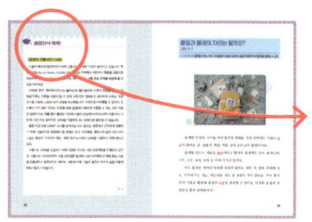

배경지식 콕콕: 본문의 내용과 관련해서 조금 더 깊이 있고 흥미로운 글이에요. 배경지식을 쌓으면 나중에 비슷한 내용의 글을 읽을 때 훨씬 더 쉬워집니다.

이 책은 이게 좋아요!

① 모든 교과를 아우르는 통합형 문해력 훈련서
국어뿐 아니라 수학, 사회, 과학 교과서 개념까지 문해력 활동으로 풀어내어, 글의 의미를 단순히 '읽는 것'이 아니라 '이해하고 적용하는 힘'으로 확장할 수 있습니다.

② 아이 스스로 참여하는 챌린지형 구성
하루 한 개, 스스로 도전하며 문해력 습관을 만드는 구조로 되어 있어, 성취감을 느끼며 자기주도 학습력까지 함께 키울 수 있습니다.

③ 톡톡 튀는 대화 형식으로 몰입도 상승
아이들의 일상 언어에 맞춘 문해력 대화문으로 흥미를 유도하고, 스토리텔링 구성으로 이해도가 높아집니다.

④ 교실에서 검증된 현직 초등교사의 효과 만점 구성
교육과정 성취기준에 맞춰 직접 수업하며 다듬은 콘텐츠로 실전 수업 경험이 녹아 있어 신뢰도와 실용성이 매우 높습니다.

⑤ 어휘력·독해력·사고력·배경지식까지 통합 훈련
'단어 콕콕', '퀴즈 콕콕', '문해력 콕콕', '배경지식 콕콕'으로 단계적 학습이 가능해 하나의 주제를 입체적으로 접근하며 사고 확장과 표현 능력이 강화됩니다.

차례

저자의 말 읽고, 묻고, 생각하는 문해력 챌린지를 시작하세요 ········· 4

챌린지1 읽고 이해하기 - 교과서 문해력의 첫걸음

[국어] 매체가 무엇인가요? ········· 16
[수학] 이 세상에서 가장 큰 수는 무엇일까요? ········· 21
[사회] 이 세상에서 자동차가 모두 사라지면 어떻게 될까요? ········· 26
[과학] 물질과 물체의 차이는 뭘까요? ········· 31

[국어] 그 사람은 어떤 마음이었을까요? ········· 36
[수학] 자가 없다면 무슨 일이 일어날까요? ········· 41
[사회] 전화기가 없던 시대, 옛날 사람들은 어떻게 연락했을까요? ········· 46
[과학] 어떤 물건이 자석에 달라붙을까요? ········· 51

[국어] 모르는 단어의 뜻을 아는 방법은 뭘까요? ········· 56
[수학] 먼저 더할까요, 나중에 더할까요? ········· 61
[사회] 바닷가 동네 사람들은 어떻게 생활하나요? ········· 66
[과학] 왜 달에서는 사람이 살 수 없을까요? ········· 71

챌린지2 생각하고 연결하기 - 교과 개념을 일상생활과 연결해 보기

[국어] 더 재미있게 표현해 볼까요? ········· 78
[수학] 같은 수를 여러 번 더하는 것보다 더 간편한 방법이 있다고요? ········· 83
[사회] 지도를 보고 찾아갈 수 있나요? ········· 88
[과학] 위장술이 뛰어난 동물들이 여기 숨어 있었네요? ········· 93

[국어] 사람의 성격을 MBTI보다 더 정확하게 알아보는 방법이 있다고요? ········· 98
[수학] 똑같이 나눠 가지면 내 몫은 얼마일까요? ································· 103
[사회] 우리 동네에 옛날 보물이 있었다고요? ···································· 108
[과학] 소리는 어떻게 우리 귀에 들릴까요? ······································ 113

[국어] 말 한마디로 천냥 빚을 갚을 수 있는 대화 예절이 있다고요? ··········· 118
[수학] 너는 무슨 삼각형이니? ·· 123
[사회] 동네 사람들이 왜 서로 싸울까요? ·· 128
[과학] 식물은 어떤 조건에서 잘 자라나요? ······································ 133

챌린지 3 표현하고 활용하기 - 지식을 내 것으로 만드는 실전 문해력

[국어] 사실과 의견은 어떤 차이가 있나요? ······································ 140
[수학] 사각형마다 특징이 다르다고요? ·· 145
[사회] 원하는 모든 것을 다 가질 수 없는 이유가 뭐예요? ····················· 150
[과학] 몸무게가 가벼운 동생과 시소를 재미있게 즐기는 방법이 있나요? ····· 155

[국어] 중요한 내용을 쉽게 요약하는 방법이 있나요? ··························· 160
[수학] 분수는 왜 만들어졌을까요? ··· 165
[사회] 경제가 뭐예요? ·· 170
[과학] 물의 또 다른 이름을 알고 있나요? ······································· 175

[국어] 한글이 위대한 이유가 뭐예요? ·· 180
[수학] 소수는 어디에 쓰이나요? ··· 185
[사회] 옛날에는 형제가 많았다고요? ··· 190
[과학] 왜 산에서 불이 나오고 땅이 젤리처럼 흔들릴까요? ···················· 195

챌린지 1

읽고 이해하기
교과서 문해력의 첫걸음

교과서 속 개념을 제대로 읽고 이해하는 힘은 문해력의 출발입니다.
낯선 용어와 개념도 차근차근 풀어 읽으며 의미를 파악하고,
비슷해 보이지만 다른 개념들을 구별하는 법도 배울 수 있습니다.
교과서 속 기본 개념에 대한 이해를 바탕으로
공부에 대한 자신감을 얻을 수 있어요!

매체가 무엇인가요?
국어 2-2

▶ [2국06-01] 일상의 다양한 매체와 매체 자료에 흥미와 관심을 가진다.

도서관에서 글로 된 이야기책을 읽으면 주인공이 겪은 일을 알 수 있어요. 저녁에는 동영상을 보면서 관심 있는 소식을 듣기도 합니다. 이렇게 내용을 전달하는 글이나 그림, 영상 등을 **매체**라고 해요.

매체가 다르면 같은 내용도 다르게 느껴질 수 있어요. 〈토끼의 재판〉이라는 이야기를 책으로 읽는 것과 영상으로 보는 것은 어떻게 다를까요?

어느 날, 함정에 빠진 호랑이가 길을 지나가는 나그네에게 도움을 청했어요. 나그네는 호랑이에게 잡아먹힐까 봐 부탁을 **거절**했지요. 호랑이는 절대 잡아먹지 않겠다고 약속했고, 착한 나그네는 결국 호랑이를 도와주었어요.

그런데 함정에서 빠져나온 호랑이가 약속을 깨고 나그네를 잡아먹으려고 했지요. 억울한 나그네는 숲속 동물들에게 **재판**을 열어 달라고 부탁했어요. 재판에서 숲속 동물들은 인간인 나그네가 싫어서, 호랑이가 나그네를 잡아먹어도 된다고 의견을 모았어요.

그때 토끼가 호랑이에게 어떻게 된 상황인지 자세히 설명해 달라고 했답니다. 호랑이는 직접 **시범**을 보이려고 다시 함정에 빠졌어요. 토끼는 나그네가 위험을 무릅쓰고 도와주었는데도 호랑이가 약속을 지키지 않았으니, 호랑이는 원래대로 함정에 있고 나그네는 가던 길을 가라고 **판결**했어요.

이 이야기를 책으로 읽으면 재판하는 모습을 상상할 수도 있고, 책장을 넘기면서 이야기에 빠져들 수도 있어요. 영상으로 보면 주인공의 움직임이 생생하게 느껴지고, 목소리를 실감 나게 들을 수 있지요. 이렇게 매체가 달라지면 같은 내용이더라도 흥미와 관심의 범위가 달라지기도 합니다.

단어 콕콕!
- **매체:** 내용을 전달하는 방법.
- **거절:** 요청이나 부탁을 받아들이지 않는 것.
- **재판:** 옳고 그름을 따져서 판단하는 것.
- **시범:** 어떤 것을 보여 주기 위해 직접 해 보이는 것.
- **판결:** 재판에서 최종적으로 결정하는 것.

퀴즈 콕콕!

1. 본문에 대한 설명으로 알맞은 것을 골라 봅시다.

   ① 글로 된 것만 매체라고 볼 수 있다.

   ② 매체가 다르면 같은 내용도 다르게 느껴진다.

   ③ 이야기를 영상으로 보면 자유롭게 상상할 수 있다.

   ④ 이야기를 책으로 보면 주인공의 움직임이 생생하게 보인다.

2. 따라 써 봅시다.

   | 잡 | 아 | 먹 | 힐 | 까 | | 봐 | . |

   | | | | | | | | |

정답: 1-②

문해력 콕콕!

<토끼의 재판>을 책으로도 읽고 영상으로도 보니 어떤 점이 다르던가요?

<토끼의 재판>을 영상으로 보니까 호랑이의 울음소리가 엄청나게 커서 나그네가 얼마나 무서울지 생생하게 느껴졌어요.

맞아요. 그리고 영상 중간중간에 음악도 나와서 더 재미있었어요. 책으로 봤을 때는 토끼가 재판하는 모습을 자유롭게 상상할 수 있어서 좋았어요.

책으로 봤을 때는 이다음에 어떤 내용이 나올지 계속 궁금해하면서 책장을 넘겼어요.

그래요. 이렇게 같은 이야기도 매체가 달라지니 다르게 느껴지지요. 그러면 이야기에서 특별히 기억에 남는 부분이 있나요?

다른 동물들이 약속을 안 지키려는 호랑이의 편을 들어서 놀랐어요. 당연히 나그네의 편을 들 줄 알았거든요.

저는 토끼가 꾀를 잘 썼다고 생각했어요. 저도 그런 지혜로운 사람이 되고 싶어요.

다양한 매체의 종류

우리는 매체를 통해 여러 가지 정보를 얻을 수 있어요. 주변에서 쉽게 볼 수 있는 매체에는 어떤 종류가 있는지 살펴볼까요?

먼저 글로 된 매체가 있어요. 책이나 신문, 잡지와 같은 것이지요. 이런 글로 된 매체는 좀 더 자세하고 깊은 내용을 전달할 수 있어요. 또 읽는 사람의 상상력을 자극하고, 내용에 대해 더 생각해 볼 수 있게 해 줘요.

글과 그림으로 표현된 매체에는 만화책과 그림책, 공익 광고 등이 있어요. 만화책이나 웹툰은 그림이 있고, 말풍선으로 인물의 대화를 표현해요. 말풍선이나 글자의 크기, 인물의 표정 등을 통해 감정을 잘 나타낼 수 있지요. 그림책은 어린이를 위한 것이 많은데, 그림과 글이 잘 어우러져 이야기를 전달해요. 그림이 많아서 보기에도 재미있고, 글의 양이 적어서 이야기를 이해하기도 쉽지요. 공익 광고는 여러 사람에게 도움이 되기 위한 목적으로 하는 광고를 말해요. 공익 광고 속 그림과 글을 자세히 보면 광고에서 어떤 내용을 전하려고 하는지 알 수 있어요.

영상으로 표현된 매체도 있습니다. 영화, 애니메이션, 텔레비전 뉴스 등이 있지요. 영상은 움직임과 소리를 통해 정보를 전달하기 때문에 이야기를 생생하게 나타낼 수 있습니다.

요즘은 인터넷 매체도 많이 쓰여요. 인터넷의 누리집이나 블로그, 누리 소통망(SNS)과 같은 것들이 있어요. 인터넷 매체는 정보를 빠르게 전달하고, 사람들끼리 즉시 소통할 수 있다는 특징이 있습니다.

이 세상에서 가장 큰 수는 무엇일까요?

수학 1-1, 1-2, 2-1, 2-2, 4-1

▶ [2수01-02] 일, 십, 백, 천의 자릿값과 위치적 기수법을 이해하고, 네 자리 이하의 수를 읽고 쓸 수 있다.
▶ [4수01-01] 큰 수의 필요성을 인식하면서 10000 이상의 큰 수에 대한 자릿값과 위치적 기수법을 이해하고, 수를 읽고 쓸 수 있다.

물건을 셀 때 1, 2, 3, 4, 5, 6, 7, 8, 9의 순서로 세고 **숫자**로 나타냅니다. 이때 아무것도 없으면 0이라고 해요.

9보다 더 큰 수는 어떻게 나타낼까요? 0과 **자릿값**을 이용해요. 9까지는 자리를 하나 차지하고 있어서 한 자릿수예요. 9보다 1이 큰 수는 10입니다. 1과 0 이렇게 자리를 두 개 차지하고 있어서 두 자릿수라고 해요.

10보다 큰 수는 다시 11부터 19까지 세어 나가고, 그다음에는 10이 두 개면 20, 세 개면 30, 열 개면 100이라 쓰고 **백**이라고 읽어요.

100이 열 개면 1000이라 쓰고 **천**이라고 읽어요. 네 자릿수를 알아볼까요? 1000이 세 개, 100이 일곱 개, 10이 다섯 개, 1이 세 개면 3753이라 쓰고 '삼천칠백오십삼'이라고 읽어요. 3753에서 같은 3이라도 숫자가 놓인 자리에 따라 그 값은 달라져요. 맨 앞의 3은 천의 자리 숫자이고 3000을 나타내요. 마지막 3은 일의 자리 숫자이고 3을 나타내지요.

1000이 열 개가 되면 10000 또는 1만이라 쓰고 만이라고 읽어요. 만이 열 개면 10만, 백 개면 100만, 천 개면 1000만입니다.

그다음은 억이에요. 100000000 또는 1억이라 쓰지요. 억이 열 개면 10억, 백 개면 100억, 천 개면 1000억입니다. 1000억이 열 개인 수는 조라고 해요.

큰 수끼리 크기를 비교하고 싶을 때는 어떻게 할까요? 두 수의 자릿수가 다른 경우에는 자릿수가 더 많은 수가 큰 수예요. 두 수의 자릿수가 같다면 높은 자릿수부터 차례로 비교해요.

단어 콕콕!

- **숫자**: 1, 2, 3…… 또는 I, II, III……과 같이 수를 나타내는 글자.
- **자릿값**: 숫자가 놓인 자리에 따라 정해지는 값.
- **백**: 10의 열 배인 수.
- **천**: 100의 열 배인 수.
- **만**: 1000의 열 배인 수.
- **억**: 10000(1만)의 만 배인 수.
- **조**: 100000000(1억)의 만 배인 수.

퀴즈 콕콕!

1. 다음 중 '만'을 나타내는 숫자는 무엇인지 골라봅시다.

   ① 1000

   ② 10000

   ③ 100000

   ④ 1000000

2. 다음 두 수를 비교해 <, >, = 중 알맞은 기호를 써 봅시다.

$$5964322 \bigcirc 58129721$$

정답: 1-②, 2-<

문해력 콕콕!

 선생님, 숫자가 커지니까 읽을 때 헷갈려요.

만부터는 0이 많아지니까 헷갈리지요? 만, 억, 조에 0이 얼마나 있는지 개수를 잘 관찰해 보세요.

 0이 네 개씩 늘어나요!
10000(1만)은 0이 네 개, 100000000(1억)은 0이 여덟 개, 1000000000000(1조)는 0이 열두 개예요.

정확해요! 일의 자릿수에서부터 네 자리씩 끊어서 만, 억, 조 단위를 붙이면 큰 수를 쉽게 읽을 수 있어요. 254321321을 끝에서부터 네 자리씩 끊어 보세요.

 2/5432/1321 이렇게요?

네, 그런 다음에 끊어서 표시한 곳에 뒤에서부터 만, 억, 조 단위를 붙이면 돼요. 2억 5432만 1321, 이렇게요.

 523/9569/1023/1456은 523조 9569억 1023만 1456이네요.

네, 앞이 아니라 꼭 뒤에서부터 네 자리씩 끊어야 해요!

끝없는 숫자의 세계

아주 먼 옛날, 숫자가 없던 시대에는 동물의 뼈에 눈금을 일일이 새겨 넣어 가면서 수를 세었다고 해요. 뼈에 일일이 새겨 넣으려면 힘들기도 하고, 많은 수를 세지는 못했을 거예요. 그런데 지금은 개수가 아주 많은 물건도 숫자로 셀 수 있지요.

우리가 현재 쓰는 숫자(0, 1, 2, 3, 4, 5, 6, 7, 8, 9, 10)는 인도-아라비아 숫자예요. 인도 사람이 발명하고 아라비아 사람이 유럽으로 전했다고 해서 붙여진 이름입니다. 특히 인도에서 0을 사용하면서 수학과 과학이 눈부시게 발전할 수 있었어요. 1부터 9까지의 수와 0을 가지고 모든 자릿수를 나타낸 것은 인류의 위대한 발명이지요.

10000의 만 배, 즉 10000에 0을 네 개 더하면 '억'이에요. 억의 만 배는 '조', 조의 만 배는 '경'이라고 해요. 우리나라 사람들이 가진 돈을 모두 합하면 1경 원이 넘는대요. 경의 만 배는 '해'라고 하고, 1 뒤에 0이 20개가 붙어요. 일상에서 해라는 숫자를 쓸 일은 없지요.

해 다음으로 만 배씩 커지는 단위로 '자, 양, 구, 간, 정, 재, 극, 항하사, 아승기, 나유타, 불가사의, 무량대수'가 있어요. 항하사의 '항하'는 인도의 갠지스강을 가리키는데, 갠지스강의 모래알만큼 많은 숫자를 의미한대요. 무량대수는 모든 수 중 가장 큰 수라는 뜻이지요.

여기서 끝일까요? 0을 계속 붙이기만 하면 돼요. 서양에서는 1 뒤에 0이 100개인 수를 '구골(googol)'이라 합니다. 그리고 1 뒤에 0이 구골 개 붙는 수를 '구골플렉스(googol plex)'라고 하죠. 숫자는 끝도 없이 계속 커질 수 있어서 우리는 항상 더 큰 수를 상상할 수 있답니다.

이 세상에서 자동차가 모두 사라지면 어떻게 될까요?
사회 3-1

▶ [4사04-02] 옛날부터 오늘날까지 교통의 변화에 따른 이동과 생활 모습의 변화를 이해한다.

우리가 사는 지구가 좁아졌어요. 물론 실제로 지구상의 땅이 줄어들 거나 작아졌다고 말하는 건 아니에요. 이제 세계의 어디든 대부분 하루 정도면 갈 수 있을 정도로 **교통수단**이 많이 발전했다는 뜻이죠.

사람이 이동하거나 물건을 옮길 때 쓰는 수단을 교통수단이라고 해 요. 아주 먼 옛날에는 직접 짐을 들고 걸어 다녔어요. 그러다가 동물을 이 용하기 시작했지요. 소, 말과 같은 동물은 사람보다 힘이 세고 이동 속도 도 빨라서 교통수단으로 이용하기에 좋았어요. 그리고 바람이나 물의 힘 을 이용하는 **뗏목**이나 돛단배와 같은 교통수단도 활용했지요.

그러다가 과학 기술이 점점 발전하면서 새로운 교통수단이 등장했습니다. **증기 기관차**, 전철, 버스, 하늘을 나는 비행기까지 교통수단이 참 많아졌어요.

교통수단의 발달은 사람들에게 많은 영향을 끼치고 있어요. 새로운 교통수단으로 이동 시간이 크게 줄었거든요. 옛날에는 서울에서 부산까지 약 한 달을 걸어가야 했는데, 오늘날 비행기로는 한 시간이면 됩니다. 이렇게 이동 시간이 줄어든 덕분에 버스를 타고 친구들과 현장 체험 학습을 갈 수도 있고요. **고속 철도**를 타고 다른 지역으로 출퇴근을 하기도 합니다.

교통수단이 변화하면서 원래 있던 직업이 사라지기도 하고, 새로운 직업이 생기기도 해요. 예전에 나루터에서 배로 사람이나 물건을 실어 나르는 일을 했던 **뱃사공**의 모습을 지금은 볼 수 없어요. 버스 운전기사, 비행기 조종사 등은 새로운 교통수단의 등장과 함께 새로 생긴 직업들입니다.

단어 콕콕!
- **교통수단**: 사람이 이동하거나 물건을 옮길 때 사용하는 도구.
- **뗏목**: 나무를 엮어서 만든 간단한 배.
- **증기 기관차**: 증기로 움직이는 기차.
- **고속 철도**: 빠른 속도(시속 200킬로미터 이상)로 운행하는 기차.
- **뱃사공**: 배를 타고 사람이나 물건을 실어 나르는 사람.

퀴즈 콕콕!

1. 다음 중 이 글을 읽고 알 수 <u>없는</u> 내용은 무엇인지 골라봅시다.

   ① 옛날의 교통수단

   ② 오늘날의 교통수단

   ③ 교통수단의 발달로 인한 변화

   ④ 옛날과 오늘날 교통수단의 장단점

2. 다음 빈칸에 알맞은 단어를 써 봅시다.

   □□□□이 발전하면서 사람들의 이동 시간이 줄어들고 생활이 편리해졌습니다.

   정답: 1-④, 2-교통수단

문해력 콕콕!

 선생님, 다양한 교통수단에 대해 더 알고 싶어요!

육상, 수상, 항공에서 이동할 수 있는 갖가지 교통수단들이 있지요. 여러분이 자주 이용하는 교통수단은 뭔가요?

 저는 자동차나 버스를 주로 이용해요.

자동차는 개인적인 이동에 적합하고, 버스는 대중교통으로 많은 사람을 동시에 이동시킬 수 있어요. 그리고 전철이나 기차는 버스보다도 좀 더 빠르고 더 많은 사람, 더 많은 물건을 실어 나를 수 있지요.

 수상 교통수단은 배와 유람선을 타 봤어요.

그래요. 배는 화물과 사람을 실어 나르는 데 사용되고, 유람선은 관광 목적의 이동 수단이지요.

 항공 교통수단인 비행기는요?

비행기는 가장 빠른 교통수단으로, 아주 먼 거리를 신속하게 이동할 수 있어요. 사람들은 교통수단의 특징을 생각해, 이용하려는 목적에 맞는 교통수단을 선택하고 있지요.

배경지식 콕콕!

미래의 교통수단 UAM

기술이 빠르게 발전하면서 미래 교통수단에 대한 기대가 높아지고 있습니다. 특히 UAM(Urban Air Mobility, 도심 항공 교통)은 도심 지역에서 개인이나 화물을 공중으로 운송하는 새로운 형태의 교통수단으로, 대기 오염과 교통 혼잡 문제를 해결해 줄 것으로 여겨져요.

UAM은 흔히 '에어택시'라고도 불리는데, 헬리콥터와 드론의 장점을 합한 소형 항공기예요. 드론을 사람이 탈 수 있게 크게 만든 형태라고 생각하면 쉬워요. 주로 전기를 사용해 소음과 대기 오염을 최소화합니다. 수직으로 이착륙할 수 있어서, 도시에서 차가 많이 막히는 도로를 피해 공중에서 빠르게 이동할 수 있는 것이 가장 큰 장점이지요. 예를 들어 출퇴근 시간에 서울의 강남에서 여의도까지 차를 타고 가면 한 시간 이상 걸리지만, UAM을 이용하면 20~30분으로 줄어들 수 있습니다.

물론 지금 당장 UAM이 도시를 날아다닐 수는 없어요. 공중에서 안전하게 비행하기 위해 기술적으로 해결해야 할 문제도 있고, 이착륙장, 충전소와 같은 여러 가지 시설도 충분히 지어져야 해요. 세계 여러 도시에서 UAM을 사용하기 위해 애쓰고 있죠.

서울시는 UAM을 도입하기 위해 다양한 연구와 시범 프로젝트를 진행하고 있지요. 서울시는 2030년까지 서울 김포공항 일대에 UAM 이착륙장과 복합 환승 시설을 만들겠다고 발표하기도 했어요. 새로운 이동 기술의 발전이 우리의 삶을 어떻게 변화시킬지 기대됩니다.

물질과 물체의 차이는 뭘까요?
과학 3-1

▶ [4과05-01] 물체를 이루는 여러 가지 물질의 성질을 비교하고, 물질의 종류에 따라 물체를 분류할 수 있다.

　물체란 모양과 크기를 가진 물건을 말해요. 우리 주변에는 수많은 **물체**가 있어요. 공, 선풍기, 책상, 가방, 상자 등이 모두 물체이지요.

　물체를 만드는 재료는 **물질**이라고 합니다. 물질에는 금속, 플라스틱, 나무, 고무, 유리, 섬유 등 여러 가지가 있어요.

　모든 물질은 저마다 독특한 성질이 있어요. 색깔, 맛, 냄새, 단단한 정도, 구부러지는 정도, 매끄러운 정도 등 성질이 각각 달라요. 우리 몸의 감각 기관을 활용해 물질의 **성질**을 관찰할 수 있어요. 다양한 물질의 성질들을 한번 살펴볼까요?

금속은 보통 반짝거리고, 다른 물질에 비해 단단한 성질을 갖고 있어요. 플라스틱은 가볍고, 단단하며, 물에 잘 뜹니다. 유리는 투명하고 표면이 매끄러우며 쉽게 깨져요. 나무는 독특한 향과 무늬가 있어요. 그리고 쉽게 파이고 물에 잘 떠요. 고무는 잘 휘고 질기며 늘어났다가 원래대로 돌아오는 성질이 있어요.

이런 물질의 성질을 활용하면, 생활에 필요한 **기능**에 맞는 물체를 만들 수 있습니다. 예를 들어 투명한 유리로 창문을 만들면 밖이 잘 보이겠지요? 또 잘 늘어나는 고무로 풍선을 만들면 풍선을 크게 불 수 있고요.

한편 같은 의자라도 목적과 기능에 따라 튼튼한 금속으로 만들 수도 있고, 가벼운 플라스틱으로 만들 수도 있습니다. 또 한 가지 물질로만 물체를 만들 수 있는 것은 아니에요. 서로 다른 물질을 **혼합**해 새로운 성질을 가진 물체를 만들기도 합니다.

단어 콕콕!
- **물체**: 모양과 크기를 가진 물건.
- **물질**: 물체를 만드는 재료로 금속, 플라스틱, 나무, 고무, 유리, 섬유 등이 있다.
- **성질**: 물질이 가진 고유의 특성으로 색깔, 맛, 냄새, 단단함, 구부러짐, 매끄러움 등이 포함된다.
- **기능**: 물체가 수행하는 역할이나 목적.
- **혼합**: 두 가지 이상 물질이 각각의 성질을 지니면서 뒤섞이는 것.

퀴즈 콕콕!

1. 다음 중 물질의 성질에 대한 설명으로 옳지 <u>않은</u> 것은 무엇인지 골라봅시다.

   ① 금속은 보통 반짝거린다.
   ② 플라스틱은 물에 잘 뜬다.
   ③ 유리는 매끄럽고 쉽게 부서지지 않는다.
   ④ 나무는 독특한 향과 무늬가 있다.

2. 다음 빈칸에 알맞은 단어를 적어 봅시다.

   물체의 목적에 맞는 □□로 만들어야 기능을 잘 활용할 수 있습니다. 서로 다른 물질을 □□하면 원래 성질과는 다른 물질을 만들 수 있습니다.

정답: 1-③, 2-물질, 혼합

문해력 콕콕!

 이번에 교실 의자를 좀 바꾸려고 하는데, 나무 의자로 할지 플라스틱 의자로 할지 고민이네요.

 나무 의자는 어떤 장점이 있나요?

 나무 의자는 튼튼하고 자연스러운 멋이 있어서 주변 사물함이나 책장과 잘 어울릴 것 같아요.

 그러면 플라스틱 의자는요?

 음, 가벼우니까 친구들이 옮길 때 좀 편할 것 같아. 물이 묻어도 쉽게 닦아 낼 수 있고.

 교실에서 의자를 이용한 재미있는 놀이를 많이 하고 싶어요!

 교실 놀이 좋지요! 플라스틱 의자는 가벼운 대신 금방 망가질 수도 있을 것 같아요. 나무 의자가 좋겠네요.

 같은 의자라도 물질이 다르니까 특성이 다르네요. 앞으로는 필요한 목적에 맞는지 물체를 이루는 재료도 잘 살펴봐야겠어요!

 배경지식 콕콕!

물질과 물질이 섞이면?

　서로 다른 물질을 섞어서 기능이 뛰어난 새로운 물질을 만들 수도 있어요. 물질들이 서로 섞이면서 원래 물질의 성질이 아닌 다른 성질로 변할 수 있거든요. 예를 들어 유리는 투명하지만 잘 깨지고, 플라스틱은 가벼워요. 그런데 유리와 폴리카보네이트라는 플라스틱을 섞으면 잘 깨지지 않는 방탄유리를 만들 수 있어요.

　방탄유리는 일반적인 유리와 달리 매우 특별한 구조로 되어 있습니다. 유리와 플라스틱을 겹쳐서 만들었기 때문에 강한 충격을 견딜 수 있는 성질을 갖고 있지요. 그래서 투명하면서도 방어력이 뛰어나요. 경찰차나 군용 차량의 창문을 비롯해 비행기와 헬리콥터의 창문, 고층 빌딩의 외벽, 은행 등 다양한 곳에 쓰여 사람들이 더 안전한 생활을 누릴 수 있게 해 줍니다.

　이 밖에도 물질이 섞여 다른 성질을 갖게 되는 예를 찾아볼까요?

　천연 섬유는 식물이나 동물로부터 얻을 수 있는 물질로, 옷을 만들 때 쓰이는 재료예요. 그런데 물에 쉽게 젖거나 오염이 잘된다는 단점이 있습니다. 이런 천연 섬유의 단점을 보완하기 위해 만들어진 것이 바로 합성 섬유예요. 합성 섬유는 석유나 석탄 등 여러 가지 화학 물질을 섞어서 만드는데, 물에 잘 젖지 않고 쉽게 구겨지지 않는 등 여러 좋은 성질을 갖고 있어요. 하지만 자연에서 분해되는 데 오랜 시간이 걸려서 환경에 좋지 않은 영향을 줄 수 있어요. 그래서 요즘에는 친환경적인 섬유를 만들기 위한 연구가 활발하게 이루어지고 있지요.

그 사람은 어떤 마음이었을까요?
국어 2-2

▶ [2국02-04] 인물의 마음이나 생각을 짐작하고 이를 자신과 비교하며 글을 읽는다.

　　다른 사람들과 **소통**을 잘하려면 내 **마음**을 표현하거나 다른 사람의 마음을 알아차리는 것이 중요합니다. 어떤 일이 일어났는지, 다른 사람이 어떤 말과 행동을 했는지 생각해 보면 그 사람의 마음을 **짐작**할 수 있어요. 그리고 마음을 나타낸 표현을 찾아보면 그 사람이 어떤 마음인지 직접적으로 알 수도 있지요.

　　다음 **편지**를 읽으며 민우의 마음을 생각해 보세요.

지후에게

지후야, 안녕? 나 민우야.

지후야, 어제 네가 내 가방을 들어 주어서 큰 도움이 되었어. 내가 손을 다쳐서 가방을 어떻게 들지 걱정했거든. 그때 네가 도와준다고 해서 정말 기뻤어! 그런데 고맙다는 말을 제대로 하지 못해서 이렇게 편지를 써.

지난 체육 시간에 달리기 경주 한 거 기억해? 네가 이겼잖아. 달리기만큼은 자신 있었는데 내가 지니까 아주 속상했어. 그래서 그동안 너한테 말도 제대로 하지 않았어. 그런데 너는 오히려 나를 걱정해 주고 가방도 들어 주어서 미안했어.

지후야, 나를 도와주어서 고마워! 너는 운동도 잘하고, 마음도 참 따뜻한 멋진 친구야. 앞으로도 친하게 지내자. 그럼, 안녕.

20〇〇년 〇〇월 〇〇일
너의 친구 민우 보냄

단어 콕콕!

- **소통:** 서로의 생각이나 감정을 전달하고 이해하는 과정.
- **마음:** 기쁨, 슬픔, 걱정 등 다양한 감정이나 생각을 나타내는 것.
- **짐작:** 다른 사람의 마음이나 상황을 추측하여 이해하는 것.
- **편지:** 안부, 소식, 마음을 전하기 위해 쓰는 글.
- **경주:** 일정한 거리를 달려서 빠르기를 겨루는 경기.

퀴즈 콕콕!

1. 본문을 읽고 민우의 마음을 알기 위한 방법으로 알맞지 **않은** 것은 무엇인지 골라 봅시다.

   ① 민우에게 어떤 일이 있었는지 알아본다.
   ② 민우의 마음을 나타낸 표현을 찾아본다.
   ③ 민우가 어떤 말이나 행동을 했는지 생각해 본다.
   ④ 지후에게 민우의 마음에 관해 물어본다.

2. 따라 써 봅시다.

   | 짐 | 작 | 할 | | 수 | | 있 | 다 | . |

   ▼

   | | | | | | | | | |

   정답: 1-④

문해력 콕콕!

 민우가 친구 지후에게 마음을 전하기 위해 편지를 썼네요. 둘 사이에 어떤 일이 있었나요?

 민우가 손을 다쳐서 가방을 어떻게 들지 걱정했는데, 마침 지후가 민우의 가방을 들어 주었어요.

 그때 민우는 어떤 마음이었을까요?

 지후에게 아주 고마운 마음이 들었을 것 같아요.

 지난 체육 시간에는 지후에게 달리기를 졌어요.

 그렇죠. 그때의 민우는 어떤 마음이었을까요?

 평소에 자신 있던 달리기에 져서 기분이 안 좋았을 것 같아요. 그래서 한동안 지후에게 말도 안 했어요.

 민우의 마음을 잘 짐작했네요. 직접적으로 마음을 나타낸 표현을 찾아보세요.

 "기뻤어", "속상했어", "미안했어", "고마워"라고 표현했어요.

39

배경지식 콕콕!

자주 틀리는 맞춤법

　편지를 쓰거나 글을 쓸 때 맞춤법을 지키는 것이 중요해요. 맞춤법을 잘 지키면 내가 하고자 하는 말을 정확히 전달할 수 있어요. 반대로 맞춤법을 잘 지키지 않으면 글을 읽는 상대방이 내 뜻을 오해할 수도 있지요.

　자주 틀리는 맞춤법 몇 가지를 살펴봅시다.

　'깨끗이'와 '깨끗히' 둘 중 무엇이 맞을까요? '깨끗이'로 쓰는 것이 맞습니다. 비슷한 것으로 '곰곰이'와 '곰곰히', '일일이'와 '일일히'가 있는데 '곰곰이', '일일이'가 맞아요. '곰곰이'는 '깊이 생각하는 모양'을 나타내고, '일일이'는 '하나씩 하나씩'이라는 뜻입니다.

　'돼요'와 '되요'도 많이 헷갈리는 맞춤법 중 하나예요. '돼'는 '되어'가 줄어서 만들어진 말이에요. '돼'와 '되'가 헷갈리면 그 자리에 '되어'를 넣어 보세요. 자연스러우면 '돼'가 맞고, 어색하면 '되'가 맞아요. 예를 들어 지금 게임을 해도 되냐고 부모님께 여쭤볼 때 "지금 게임해도 되어요?"라고 하는 게 자연스러워요. 따라서 여기서는 '돼'가 맞습니다. 부모님께서 "지금은 게임하면 안 되지."라고 하셨을 때 '안 되어지'라고 바꾸면 어색하지요? 이런 경우에는 '되'가 맞는 거예요.

　비슷비슷하게 생겼지만 뜻은 다른 단어를 잘못 쓰는 경우도 있어요. '반드시'와 '반듯이'를 보세요. '반드시'는 '꼭, 틀림없이'라는 뜻이고 '반듯이'는 '비뚤어지거나 굽지 않고 바르게'라는 뜻이지요. '어떻게'와 '어떡해'도 살펴볼까요? '어떻게'는 '어떻다'라는 뜻으로 "어떻게 지내?"와 같이 쓰여요. '어떡해'는 '어떻게 해'를 줄여 쓴 말이라 "나 어떡해?"와 같이 쓰여요.

자가 없다면 무슨 일이 일어날까요?
수학 2-1, 2-2

▶ [2수03-11] 1m와 1cm의 관계를 이해하고, 길이를 '몇 m'와 '몇 cm'로 표현할 수 있다.
▶ [4수03-15] 길이 단위 1mm와 1km를 알고, 이를 이용하여 길이를 측정하고 어림하며 수학의 유용성을 인식할 수 있다.

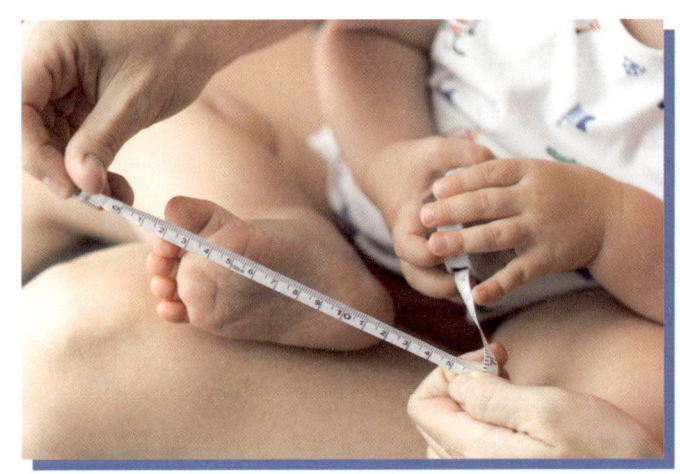

교실에서 옆자리에 앉은 짝꿍과 키를 비교해 볼까요? 누가 더 큰가요? 서로 키 차이가 크다면 누가 큰지 쉽게 알 수 있지만, 비슷하다면 좀 더 정확하게 키를 잴 필요가 있겠지요.

키를 비롯해 **길이**를 정확히 재야 할 때는 어떻게 하면 좋을까요?

우선 우리 몸을 활용해 봅시다. 한 **뼘**을 **단위길이**로 해서 친구의 키를 재어 볼까요? 친구의 키는 열 뼘 정도 되는군요. 이번에는 내 키를 재어 보니 역시 열 뼘 정도예요. 둘 다 비슷하니 단위길이를 바꿔야 할 것 같아요.

이번에는 자를 이용해 봅시다. 자에는 숫자와 눈금이 있어요. 0부터

1까지의 길이를 1cm라 쓰고, '**1센티미터**'라고 읽어요. 자로 물건의 길이를 잴 때는 물건의 한쪽 끝을 0 눈금에 맞추고, 나머지 한쪽 끝의 숫자를 읽으면 돼요. 이때 주의할 점은 물건을 자의 끝에 맞추는 것이 아니라 0 눈금에 맞추어야 한다는 거예요. 그리고 잴 물건과 자를 나란히 두어야 정확하게 길이를 잴 수 있어요.

cm보다 더 큰 단위도 있어요. 1m는 100cm와 같아요. 1m는 '**1미터**'라고 읽습니다. 짝꿍의 키가 125cm라면 1m 25cm라고 다르게 말할 수도 있지요.

1cm보다 작은 단위는 어떻게 표현할까요? 1mm라 쓰고 '**1밀리미터**'라고 읽습니다. 1mm는 1cm를 10등분 한 것 중 하나만큼 크기입니다. 10mm가 1cm인 셈이지요. 만약 어떤 물체의 길이가 78mm라면 7cm 8mm와 같습니다.

또 우리 몸의 특정 부위나 어떤 물체의 길이를 알고 있다면 다른 물체의 길이를 **어림**하는 데 많은 도움이 됩니다.

단어 콕콕!

- **길이**: 물체의 한쪽 끝에서 다른 쪽 끝까지의 거리.
- **뼘**: 엄지손가락 끝에서 새끼손가락 끝까지의 길이.
- **단위길이**: 길이를 잴 때 기준이 되는 길이.
- **센티미터**(cm): 길이의 단위로, 1m의 100분의 1에 해당한다.
- **미터**(m): 길이의 기본 단위로, 1m는 100cm에 해당한다.
- **밀리미터**(mm): 길이의 단위로, 1cm의 10분의 1에 해당한다.
- **어림**: 대략적으로 계산하거나 재는 것.

퀴즈 콕콕!

1. 다음 중 자를 사용해 길이를 재는 방법으로 맞지 <u>않는</u> 것은 무엇인지 골라 봅시다.

   ① 물건을 자의 끝에 맞춘다.
   ② 자와 물건을 나란히 놓는다.
   ③ 나머지 한쪽 끝의 숫자를 읽는다.
   ④ 물건의 한쪽 끝을 0 눈금 위에 맞춘다.

2. 빈칸에 알맞은 길이의 단위를 써 봅시다.

   1cm = 10 ☐☐
   2m = 200 ☐☐
   365cm = 3 ☐ 65cm

정답: 1-①, 2-mm, cm, m

문해력 콕콕!

 선생님, 길이 어림을 잘할 수 있는 방법이 있을까요?

이미 아는 길이를 이용해 보세요. 우리 몸에서 길이를 아는 부위가 있나요?

 엄지손톱의 너비는 대략 1cm 정도예요. 손가락 길이는 5cm 정도, 뼘은 12cm 정도 돼요!

그래요. 아주 정확하지는 않아도 그 정도면 어림하는 데 도움이 되겠네요. 예준이가 알려 준 몸의 길이로 책의 세로 길이를 어림해 볼까요?

 두 뼘하고도 엄지손톱으로 세 번이니까 대략 27cm 정도 될 것 같아요!

좋아요. 그러면 조금 더 길이가 긴 거리를 어림해 볼까요? 학교에서 문구점까지의 거리는 몇 m 정도 될까요?

 도로에 가로등이 보통 50m마다 하나씩 서 있다고 하던데요. 학교에서 문구점까지 가로등이 네 개 있으니까, 200m가 조금 넘을 것 같아요!

세계 공통의 길이 단위

아주 먼 옛날에도 길이 단위가 있었어요. 다만 통일된 기준이 없어서 지역과 문화마다 다양한 길이 단위가 쓰였습니다. 예를 들어 중국에서는 '척'이라는 길이 단위를 썼어요. 1척은 약 23cm 정도 길이예요. 《삼국지》에 나오는 유명한 장수들은 키가 8척이 넘는다고 하는데, 그러면 키가 184cm 정도라는 뜻이죠. 요즘으로 쳐도 큰 키이니까, 당시에는 무척 키가 크다고 여겨졌을 거예요.

이집트에서는 '큐빗'이라는 단위가 쓰였어요. 큐빗은 팔꿈치에서 가운뎃손가락 끝까지의 길이인데, 이집트 왕 파라오의 신체가 기준이 됐어요. 대략 50cm 정도로, 이 큐빗이라는 단위로 피라미드를 지었대요. 피라미드를 짓다가 왕이 죽어서 새로운 왕으로 바뀌면, 큐빗 단위도 달라졌겠지요. 여러 가지로 불편한 점이 참 많았을 것 같습니다.

요즘 쓰는 길이 단위의 국제적인 기준은 미터법입니다. 미터법은 1795년 프랑스에서 처음 쓰이기 시작해, 오늘날에는 대부분 나라에서 사용되고 있어요. 미터법은 길이를 사람의 신체로 제각각 정할 것이 아니라, 변하지 않는 기준이 있어야 한다고 생각해서 만들어졌어요. 처음에는 1m를 북극과 적도까지의 거리를 1000만 분의 1로 나눈 값이라고 정했어요. 그러다가 좀 더 정확하게 하고자, 1983년에 1m를 빛이 약 3억 분의 1초 동안 나아간 길이로 하자고 약속했지요.

1m의 1000배는 1km이고, 1m의 1000분의 1은 1mm라고 하지요. m, cm, mm와 같은 단위는 일상에서부터 과학과 기술에까지 널리 쓰이며 정확한 측정을 하도록 도와줍니다.

전화기가 없던 시대, 옛날 사람들은 어떻게 연락했을까요?
사회 3-1

▶ [4사04-03] 옛날부터 오늘날까지 통신 수단의 변화에 따른 정보 교류와 의사소통 방식의 변화를 설명한다.

시골에 계시는 할머니께 안부를 여쭈려 해요. 직접 시골에 가서 얼굴을 뵙고 인사를 드릴 수도 있지만, 지금 바로 스마트폰을 켜서 할머니 목소리를 들으며 인사를 나눌 수도 있지요.

이렇게 발달한 **통신 수단** 덕분에 아주 멀리 있는 사람에게도 즉시 소식을 전할 수 있어요. 심지어 스마트폰 **애플리케이션**을 이용하면 외국에 있는 사람과도 얼굴을 보며 실시간으로 대화를 나눌 수 있지요.

오늘날 사람들은 편지, 전화, **전자 우편** 등 다양한 방법으로 **정보**와 소식을 주고받습니다. 이렇게 말이나 글, 사진 등 여러 가지 정보를 전달할 수 있도록 도와주는 것이 통신 수단이에요.

아주 옛날에는 먼 곳까지 직접 가서 정보를 전달했어요. 시간이 흐르면서 중요한 정보를 빠르고 정확하게 전달하기 위해 동물인 새를 날려 보내거나 불을 이용하기 시작했어요.

봉수대는 밤에는 불, 낮에는 연기를 피워서 위급한 상황을 알리던 통신 방법이에요. 봉수대에 불을 피우는 개수에 따라서 무슨 의미인지 미리 신호를 약속해 두었지요. 만약 적이 나타났으면 봉수대에 불을 두 개 피웠어요. 부산에서 봉수대를 피우면 서울까지 그 소식이 전해지는 데 열두 시간이 걸렸대요.

지금은 통신 수단이 발달한 덕분에 세계 곳곳에서 일어나는 소식을 바로 알 수 있는 등 우리 생활이 크게 바뀌었어요. 또 통신 수단의 발달로 없어진 직업도 있고, 새롭게 생겨난 직업도 있답니다.

단어 콕콕!

- **통신 수단:** 정보를 전달하기 위한 도구나 방법.
- **애플리케이션:** 스마트폰이나 컴퓨터에서 사용할 수 있는 프로그램.
- **전자 우편:** 인터넷을 통해 주고받는 편지.
- **정보:** 사실이나 내용을 전달하는 데이터나 지식.
- **봉수대:** 위급 상황을 알리기 위해 불이나 연기를 사용하는 통신 방법.

퀴즈 콕콕!

1. 다음 중 본문에 나오지 않은 내용은 무엇인지 골라 봅시다.

   ① 스마트폰의 기능

   ② 봉수대의 통신 방법

   ③ 전자 우편을 사용하는 방법

   ④ 통신 수단의 발달로 생긴 우리 생활의 변화

2. 다음 빈칸에 알맞은 단어를 써 봅시다.

   정보와 소식을 먼 곳까지 실시간으로 전달할 수 있는 이유는 ☐☐ ☐☐ 이 발전했기 때문입니다.

정답: 1-③, 2-통신 수단

문해력 콕콕!

 선생님, 통신 수단의 발전으로 어떤 직업들이 없어졌나요?

 예전에는 전화 교환원이 있었어요. 전화를 걸면 우선 전화 교환원에게 연결돼요. 그 사람에게 통화하고 싶은 곳을 말하면 전화를 연결해 주는 방식이었지요. 그런데 자동으로 전화를 연결해 주는 기술이 개발되면서 전화 교환원이 사라졌답니다.

 그러면 어떤 새로운 직업이 생겼나요?

 누리 소통망 관리자와 데이터 분석가 같은 직업이 생겼어요. 누리 소통망 관리자는 기업이나 개인의 누리 소통망을 운영하며, 콘텐츠를 작성하고, 이용자의 반응을 분석해요. 이들은 고객과 소통하는 데 중요한 역할을 하지요.

 데이터 분석가는 어떤 일을 하나요?

 데이터 분석가는 다양한 데이터를 모으고 분석해서 유용한 정보를 얻어 내는 일을 해요. 이들은 기업이 더 나은 결정을 내릴 수 있도록 도와주는 중요한 역할을 합니다.

 앞으로 통신 수단이 더욱 발전하면 어떤 새로운 직업이 생길지 기대돼요.

통신 수단의 미래

통신 수단이 발달해서 지금도 이렇게 편리한데, 미래의 통신 수단은 얼마나 더 발전할까요?

앞으로는 데이터 전송 속도가 더 빨라지면서 실시간으로 통신할 수 있을 거예요. 그리고 인공 지능(AI)과 결합하여 더욱 편리해질 거예요. 인공 지능은 우리가 소통하는 방식을 분석하고 맞춤형 소통 방법을 제안할 수 있어요. 지금도 인공 지능 번역기를 쓰면, 외국인과 통화할 때 말하는 즉시 서로의 말로 통역이 돼요.

영화에서 홀로그램을 본 적이 있나요? 빛으로 된 영상이 마치 입체적인 모습을 가진 것처럼 눈앞에서 움직이는 장면 말이에요. 홀로그램 기술이 발전하면 아주 멀리 떨어진 곳에 있는 사람과 마치 눈앞에 있는 것처럼 대화할 수 있어요. 홀로그램 영상 통화로 친구나 가족의 모습을 생생하게 볼 수 있다면 소통이 더 재미있어지겠지요.

미래의 통신 수단은 우리가 사는 모든 환경과 연결될 거예요. 사물 인터넷(IoT) 기술이 발전하면 집 안의 가전제품, 자동차, 심지어 공공시설까지 모두 연결돼 실시간으로 소통할 수 있습니다. 예를 들어 집에 돌아가면 자동으로 조명이 켜지고 음악이 재생되는 것처럼, 우리의 생활이 더욱 편리해질 것입니다. 스마트폰뿐만 아니라 안경이나 시계처럼 몸에 착용하는 다양한 기기도 통신 수단으로 만들어지고 있어요.

통신 기술의 발전은 우리의 소통 방식을 더욱 풍부하게 만들어 줄 것입니다. 여러분은 미래의 통신 수단 중 어떤 것이 가장 기대되나요?

어떤 물건이 자석에 달라붙을까요?
과학 3-1

▶ [4과09-02] 자석과 자석을 가까이했을 때 나타나는 현상을 관찰하여 그 특징을 자석의 극과 관련지어 설명할 수 있다.

자석에 여러 가지 물체들을 갖다 대 본 적이 있나요? 클립이나 못 같은 철로 만든 물건들은 자석에 달라붙는데, 플라스틱이나 고무, 유리로 만든 물체는 자석에 달라붙지 않아요.

자석과 **철**은 서로 끌어당기는 힘이 있어요. 자석과 철로 된 물체는 사이가 조금 떨어져 있더라도 서로 끌어당겨서 달라붙습니다. 다만 자석과 철 사이의 거리가 멀어질수록 끌어당기는 힘도 점차 약해져요.

자석 주변에 철 클립을 여러 개 흩어 놓으면 자석의 어떤 부분에 클립이 많이 붙는 것을 볼 수 있어요. 이 부분을 **자석의 극**이라고 해요. 자석의 생김새는 막대, 공, 말굽 등 다양해도 자석의 극은 두 종류밖에 없습니다. 이 자석의 두 극을 N극과 S극이라고 합니다.

자석과 자석이 만나면 어떻게 될까요? 자석의 두 극은 서로 끌어당기거나 밀어내는 성질이 있어요. 서로 다른 극끼리 만나면 달라붙고, 서로 같은 극끼리 만나면 밀어내요. 그러니까 만약에 한 자석의 N극과 다른 자석의 S극이 만나면 서로 붙어요. 그리고 한 자석의 N극과 다른 자석의 N극이 만나면 서로 밀어내지요.

자석을 공중이나 물에 띄워 자유롭게 움직이도록 하면 N극은 항상 북쪽을, S극은 항상 남쪽을 가리켜요. 이런 자석의 성질을 이용해 나침반을 만들면 쉽게 방향을 알 수 있습니다. 이 밖에도 우리 생활에서 자석을 활용한 다양한 물체를 살펴볼 수 있어요.

단어 콕콕!

- **자석**: 철이나 니켈 같은 특정 물질을 끌어당기는 힘이 있는 물체.
- **철**: 자석에 붙는 성질이 있으며, 여러 가지 물체를 만드는 데 쓰이는 중요한 금속 중 하나.
- **자석의 극**: 자석에서 끌어당기는 힘이 가장 강한 부분으로, N극과 S극이 있다.
- **N극**: 자석에서 북쪽을 가리키는 부분.
- **S극**: 자석에서 남쪽을 가리키는 부분.

퀴즈 콕콕!

1. 다음 중 자석의 극에 대한 설명으로 옳지 <u>않은</u> 것은 무엇인지 골라 봅시다.

    ① N극과 S극은 서로 끌어당긴다.

    ② 같은 극끼리는 서로 밀어낸다.

    ③ 자석은 모든 물체에 달라붙는다.

    ④ 자석은 철로 만든 물체에만 달라붙는다.

2. 다음 빈칸에 알맞은 단어를 써 봅시다.

    자석의 두 극은 □□과 □□입니다.

    자석에 붙는 물체는 주로 □로 만들어져 있습니다.

정답: 1-③, 2-N극, S극, 철

문해력 콕콕!

 내가 어제 신기한 마술을 봤어. 마술사가 요술 지팡이를 들어 올리니까 인형이 공중으로 떠오르더라고!

음, 나 비밀이 뭔지 알 것 같아. 아마도 자석을 사용하지 않았을까?

 자석으로 인형을 공중에 띄울 수 있어?

인형 안과 요술 지팡이에 각각 자석을 숨기는 거지. 그런 다음에 지팡이를 인형 가까이 가져갔다가 위로 올리면, 자석들이 서로를 끌어당겨서 인형도 따라서 공중으로 떠오를 거야. 자석이 있는 줄 모르는 사람들 눈에는 인형이 저절로 떠오르는 것처럼 보일 테고.

 그런 비밀이 있었구나. 그러면 자석의 극도 중요하겠네. 자석은 서로 다른 극끼리 만나야 붙는다고 배웠잖아.

맞아! N극과 S극이 만나야 끌어당기고, 같은 극끼리 만나면 서로 밀어내지.

 자석이 이렇게 활용될 수 있다니 신기하네! 자석을 사용하는 예가 우리 주변에 더 있을 것 같아.

배경지식 콕콕!

거대한 자석, 지구

자석으로 된 나침반의 바늘이 항상 N극을 가리키는 이유는 무엇일까요? 이는 지구가 하나의 거대한 자석으로 되어 있기 때문입니다. 나침반의 바늘이 북쪽을 가리키는 것을 보면, 지구의 북쪽은 S극의 성질을 가지고 있을 것입니다. 왜냐하면 자석의 N극과 S극은 서로 끌어당기기 때문이지요. 반대로 나침반의 바늘이 남쪽을 가리키는 것을 보면, 지구의 남쪽은 N극의 성질을 갖고 있는 것이겠지요.

그렇다면 지구는 어떻게 자석의 힘을 갖고 있는 걸까요? 지구의 중심으로 깊이 들어가면 외핵이라는 곳이 나와요. 이 외핵은 철과 니켈처럼 전기가 잘 통하는 물질로 이루어져 있습니다. 그런데 외핵의 온도는 아주 뜨거워서, 철과 니켈 같은 물질이 액체 상태로 떠다녀요. 이 철과 니켈이 자전하는 지구를 따라 외핵에서 회전하면서 자석의 힘을 만듭니다.

이렇게 지구가 거대한 자석으로 돼 있는 까닭에 우리 생활과 자연이 여러 가지 영향을 받고 있답니다. 가장 대표적인 예로 지구에서 만들어진 자석의 힘은 태양풍을 막아 줘요. 태양풍은 태양에서 나오는 여러 가지 물질인데, 강력한 에너지 바람과도 같아요. 지구 자석의 힘은 태양풍을 휘게 만들어 지구를 보호해요. 만약 이런 자석의 힘이 없다면, 태양풍이 직접 지구와 부딪쳐 지구의 공기를 우주로 날려 버릴 수도 있어요. 공기가 없어지면 지구 표면에 있는 물도 결국 우주로 흩어질 것입니다. 남극이나 북극의 하늘을 아름답게 수놓는 오로라 현상도 자석의 힘과 태양풍이 만나서 만들어진 현상이에요.

모르는 단어의 뜻을 아는 방법은 뭘까요?
국어 3-1

▶ [4국04-02] 단어를 분류하고 국어사전을 활용하여 능동적인 국어 활동을 한다.

여러분은 책이나 글을 읽다가 모르는 단어가 나오면 어떻게 하나요? 보통은 앞뒤 **문맥**을 살펴보면서 단어의 뜻을 대략 짐작할 수 있어요. 그런데 아예 짐작할 수 없는 어려운 단어들도 있어요. 그럴 때는 **국어사전**을 찾아봐요. 모르는 단어의 뜻을 정확하게 알아볼 수 있습니다.

국어사전에는 낱말이 정말 많아요. 이 중에서 내가 궁금한 낱말을 어떻게 찾을 수 있을까요? 우선 낱말이 어떻게 이루어지는지 알아야 해요. 낱말은 하나 혹은 여러 개 글자로 이루어져 있습니다. 각 글자는 **자음자**, **모음자**, **받침**으로 이루어져 있지요. 국어사전에는 첫 글자 자음자 순서대로, 모음자 순서대로, 그리고 받침 순서대로 낱말이 실려 있어요.

　예를 들어 '학생'은 첫 자음자가 ㅎ인 낱말 중에서 찾을 수 있어요. 국어사전에서 ㅎ을 보면 처음에 '하'로 시작되는 낱말이 나올 거예요. 학생의 학은 첫 자음자가 ㅎ, 모음자가 ㅏ, 받침이 ㄱ이지요. 이런 식으로 '학생'을 찾으려면 ㅎ, ㅏ, ㄱ, ㅅ, ㅐ, ㅇ의 순서로 찾아야 합니다.

　자음자의 순서는 ㄱ, ㄲ, ㄴ, ㄷ, ㄸ, ㄹ, ㅁ, ㅂ, ㅃ, ㅅ, ㅆ, ㅇ, ㅈ, ㅉ, ㅊ, ㅋ, ㅌ, ㅍ, ㅎ이에요. 모음자의 순서는 ㅏ, ㅐ, ㅑ, ㅒ, ㅓ, ㅔ, ㅕ, ㅖ, ㅗ, ㅘ, ㅙ, ㅚ, ㅛ, ㅜ, ㅝ, ㅞ, ㅟ, ㅠ, ㅡ, ㅢ, ㅣ입니다. 마지막으로 받침 순서는 ㄱ, ㄲ, ㄳ, ㄴ, ㄵ, ㄶ, ㄷ, ㄹ, ㄺ, ㄻ, ㄼ, ㄽ, ㄾ, ㄿ, ㅀ, ㅁ, ㅂ, ㅅ, ㅆ, ㅇ, ㅈ, ㅊ, ㅋ, ㅌ, ㅍ, ㅎ이지요.

　형태가 바뀌는 낱말의 뜻을 찾으려면 낱말의 **기본형**으로 찾아야 해요. 예를 들어 "옷을 얇게 입었다."에서 '얇게'는 얇은, 얇아서, 얇았다 등으로 형태가 바뀔 수 있어요. 낱말이 형태가 바뀔 때는 형태가 바뀌지 않는 부분에 '-다'를 붙여 기본형을 만들어요. '얇게'의 경우에는 기본형인 '얇다'로 찾아야 합니다.

단어 콕콕!

- **문맥**: 글의 의미가 담긴 앞뒤 맥락.
- **국어사전**: 국어 단어의 뜻, 발음, 사용법 등을 정리한 책.
- **자음자**: 국어의 자음을 나타내는 글자. 예를 들어 ㄱ, ㄴ, ㄷ 등이 자음자에 해당한다.
- **모음자**: 국어의 모음을 나타내는 글자. 예를 들어 ㅏ, ㅑ, ㅓ, ㅕ 등이 모음자에 해당한다.
- **받침**: 한글을 적을 때 모음자 아래에 받쳐 적는 자음자.
- **기본형**: 형태가 바뀌는 낱말의 대표 낱말.

퀴즈 콕콕!

1. 모르는 단어의 뜻을 알아보는 방법으로 알맞지 <u>않은</u> 것은 무엇인지 골라 봅시다.

   ① 국어사전을 찾아본다.
   ② 단어의 의미를 무시한다.
   ③ 친구나 어른들께 물어본다.
   ④ 앞뒤 문맥을 통해 짐작한다.

2. 따라 써 봅시다.

| 형 | 태 | 가 | | 바 | 뀔 | | 때 | . |

| | | | | | | | | |

정답: 1-②

문해력 콕콕!

 선생님, 형태가 바뀌는 낱말들은 어떤 게 있나요?

 음, 그러면 먼저 형태가 바뀌지 않는 낱말들은 어떤 특징이 있는지 생각해 볼까요?

 사물, 동물의 이름과 같은 것은 형태가 바뀌지 않아요.

 맞아요. 그러면 형태가 바뀌는 낱말의 예를 들어 볼까요?

 뛰다, 크다, 좁다, 나타나다, 굵다 등이 있어요.

 우아, 많이 생각했네요. 그러면 이 낱말들을 움직임을 나타내는 낱말과 성질이나 상태를 나타내는 낱말로 분류해 볼까요?

 움직임을 나타내는 낱말은 '뛰다, 나타나다'가 있어요. 나머지는 성질이나 상태를 나타내는 낱말이에요.

 그래요. 움직임을 나타내거나 성질이나 상태를 나타내는 낱말은 형태가 바뀌어요. '뛰다, 뛰고, 뛰어서, 뛰었니' 같은 식으로요. 하지만 '뛰'는 형태가 바뀌지 않아요. 이렇게 형태가 바뀌지 않는 부분에 '-다'를 붙이면 낱말의 기본형이 됩니다.

배경지식 콕콕!

이럴 땐 이런 사전

　모르는 단어를 사전에서 찾으면 단어의 뜻을 정확하게 알 수 있습니다. 그런데 언어에 대한 사전만 있는 것은 아닙니다. 사전도 여러 가지 종류가 있고, 상황에 알맞게 사전을 선택하면 더욱 효과적으로 정보를 얻을 수 있어요.

　먼저 언어 사전에는 국어사전을 비롯해 영어 사전, 한자 사전 등이 있어요. 외국어 단어를 우리말 뜻으로 알려 주는 사전도 있지요. 모르는 영어 단어의 우리말 뜻을 알고 싶으면 영한사전을 찾아보면 됩니다. 국어사전이 ㄱ, ㄴ, ㄷ 순으로 낱말이 실려 있는 것처럼, 영한사전은 a, b, c 이렇게 알파벳 순서로 되어 있어요.

　사전 중에는 백과사전도 있습니다. 백과사전은 특정한 주제에 대한 지식이 좀 더 깊이 있게 담겨 있어요. 예를 들어 '지구'를 국어사전에서 찾으면 "태양에서 세 번째로 가까운 행성으로 인류가 살고 있는 천체" 정도로 뜻이 나와요. 그런데 백과사전에서 '지구'를 찾아보면 지구의 탄생 역사, 지구의 대기 물질, 지구의 자전과 공전, 지구 내부의 모습 등 다양한 지식과 함께 관련 사진이나 그림 자료도 소개되어 있지요.

　속담 사전과 고사성어 사전도 있습니다. 당연히 속담과 고사성어의 의미가 잘 설명되어 있어요. 그리고 속담과 고사성어의 유래도 알 수 있어 배경을 이해하기도 훨씬 쉽답니다.

　요즘에는 종이책이 아닌 인터넷으로도 각종 사전을 찾을 수 있어요. 인터넷 사전은 편리한 검색 기능과 다양한 언어를 제공해 언제 어디서든 쉽게 정보를 찾을 수 있다는 장점이 있어요. 목적에 맞는 사전을 찾아보면서 지식을 넓힐 수 있습니다.

먼저 더할까요, 나중에 더할까요?
수학 1-1, 1-2, 2-1

▶ [2수01-06] 두 자리 수의 범위에서 덧셈과 뺄셈의 계산 원리를 이해하고 그 계산을 할 수 있다.
▶ [4수01-03] 세 자리 수의 덧셈과 뺄셈의 계산 원리를 이해하고 그 계산을 할 수 있다.

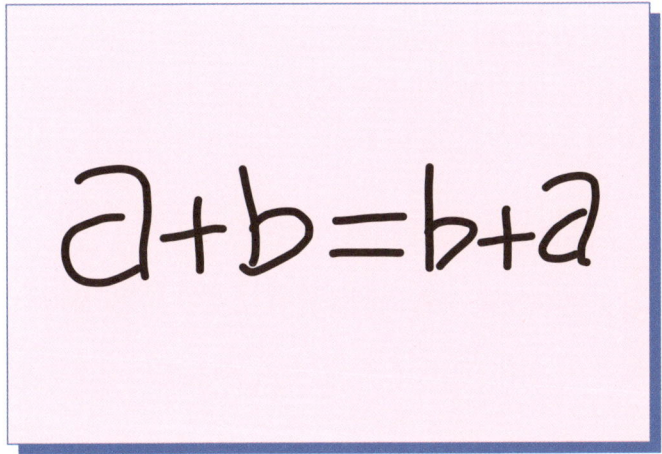

캐릭터 카드를 6장 갖고 있어요. 문구점에서 3장을 더 사면 모두 몇 장일까요?

나는 캐릭터 카드를 6장 갖고 있고, 친구는 3장 갖고 있어요. 나와 친구가 가진 카드를 합하면 모두 몇 장일까요?

원래 있던 것에서 **추가**하거나, 두 종류 이상을 합한 개수가 궁금할 때 우리는 **덧셈**을 합니다. 앞의 상황에서는 '6+3=9'로 쓰고 '6 더하기 3은 9와 같습니다.'라고 읽습니다.

뺄셈은 덧셈과 반대 상황입니다. 갖고 있던 캐릭터 카드 6장 중 3장을 잃어버렸어요. 남은 카드는 몇 장일까요? 또는 나는 6장, 친구는 3장을 갖고 있다고 했을 때, 나는 친구보다 카드가 몇 장 더 많나요?

원래 있던 것에서 없어지고 남아 있는 것을 구하거나 개수의 차이를 비교할 때 뺄셈을 해요. 앞의 상황은 '6-3=3'으로 쓰고 '6 빼기 3은 3과 같습니다.'라고 읽어요.

덧셈에서는 **받아올림**을 할 때가 있어요. 26+37을 계산한다고 해요. 먼저 일의 자리는 일의 자리끼리, 십의 자리는 십의 자리끼리 더해 봅시다. 6+7은 13이고, 20+30은 50이지요. 이때 13 중 3만 일의 자리에 쓰고 나머지 10은 받아올려서 50에 더하는 거예요. 결과는 63이 되겠네요.

뺄셈에서는 **받아내림**을 할 때가 있어요. 26-19를 봅시다. 일의 자리는 일의 자리끼리, 십의 자리는 십의 자리끼리 빼야 합니다. 그런데 6에서 9를 뺄 수는 없으니 20에서 10을 빌려 옵니다. 26을 10과 16으로 나눈 다음에, 26에서 남아 있는 십의 자리인 10에서 19의 십의 자리인 10을 빼면 0, 10을 빌려 온 일의 자리인 16에서 19의 일의 자리인 9를 빼면 7이라는 결과가 나오네요.

단어 콕콕!

- **추가**: 원래 있던 것에 새로 더하는 것.
- **덧셈**: 두 가지 이상의 수나 물건을 합하는 계산 방법.
- **뺄셈**: 앞의 수에서 뒤의 수를 뺀 결과를 구하는 계산 방법.
- **받아올림**: 덧셈을 할 때, 자릿수가 10 이상이 되어 다음 자릿수에 1을 더하는 것.
- **받아내림**: 뺄셈을 할 때, 같은 자릿수에서 뺄 수 없는 경우 다음 큰 자릿수에서 1을 빌려 오는 것.

퀴즈 콕콕!

1. 다음 중 계산하는 상황이 다른 하나는 무엇인지 골라 봅시다.

   ① 동물원의 원숭이와 말은 모두 몇 마리일까?

   ② 나의 구슬과 친구의 구슬은 몇 개가 차이 날까?

   ③ 1반 교실 책상과 2반 교실 책상은 모두 몇 개일까?

   ④ 사과가 있는 접시에 배를 더 담으면 과일은 모두 몇 개일까?

2. 다음을 읽고 알맞은 답을 구해 봅시다.

   사랑이는 캐릭터 사진을 몇 장 가지고 있었습니다. 문구점에서 캐릭터 사진을 16장 더 산 다음 친구에게 9장을 주었더니 52장이 남았어요. 사랑이가 처음 가지고 있던 캐릭터 사진은 몇 장일까요?

   _____장

정답: 1-②, 2-45장

문해력 콕콕!

 선생님! 더하기는 순서를 바꾸어도 결과가 같아요.

맞아요. 6+3이나 3+6이나 둘 다 결과는 9예요. 그런데 빼기는 순서를 바꾸면 안 돼요. 6-3=3인데, 3-6은 안 되지요?

 더하기나 빼기를 좀 더 잘할 수 있는 방법이 있을까요?

10의 보수를 알면 덧셈과 뺄셈을 하는 데 도움이 돼요. 10의 보수란 보충해서 10이 되는 수예요. 예를 들어 1의 보수는 9예요. 2의 보수는 얼마일까요?

 8요. 3과 7, 4와 6, 이런 수들이 10의 보수인 거죠?

그래요, 잘 말했어요. 그럼 지금까지 이야기한 것을 바탕으로 다음 덧셈을 쉽게 해 보세요. 26+37+14=?

 음, 우선 덧셈은 순서를 바꾸어도 되니까 26+14+37로 바꾸어 볼래요. 왜냐하면 26의 6과 14의 4는 10의 보수라 금방 10이 되는 게 보였거든요.

오 그렇네! 그럼 40+37=77이야. 훨씬 계산이 편해졌어!

 **배경지식 콕콕!**

연산 기호는 언제부터 썼을까?

우리가 수학 시간에 배우는 덧셈, 뺄셈, 곱셈, 나눗셈은 생활에서 꼭 필요한 연산 방법이에요. 물건을 살 때, 내가 고른 물건들의 가격을 알아보려면 덧셈이 필요하고, 거스름돈을 계산할 때는 뺄셈이 필요해요. 많은 수를 여러 번 더할 때는 곱셈이 편리하지요. 간식 여러 개를 친구들과 똑같이 나누려면 나눗셈을 하면 되고요.

덧셈, 뺄셈, 곱셈, 나눗셈을 '사칙 연산'이라고 해요. 사칙 연산은 아주 옛날부터 쓰였지만, 기호를 통해 사칙 연산을 간단하게 나타내기 시작한 것은 비교적 최근이에요.

우리가 아는 +, −, ×, ÷ 기호는 15세기쯤 유럽에서 만들어지기 시작했어요. 당시 유럽은 대항해 시대로, 유럽인들이 전 세계 바다를 탐험하고 있었어요. 그런데 바다 위에서 안전한 항로를 찾기 위해 천체 관측을 하고, 그 자료들을 계산하는 게 쉽지는 않았죠. 그래서 '계산사'라는 전문가가 생겼고, 복잡한 계산도 빨리 처리하기 위해 기호도 만든 거지요.

+는 '그리고'를 뜻하는 라틴어 'et'에서 왔어요. −는 '빼기'를 뜻하는 단어 'minus'의 약자로 쓰였고요. ×는 세로로 곱셈할 때 모양을 생각해 보면 쉬워요. ÷는 분수의 생김새에서 따왔어요. 분모와 분자가 마치 나누기 기호의 점과 비슷하죠? 이처럼 연산 기호는 복잡한 계산을 쉽고 빠르게 해 주는 고마운 도구예요. 우리가 지금 수학 시간에 쓰는 기호들도 오랜 시간 동안 사람들이 더 편리하게 계산하려는 노력의 결과라는 걸 알 수 있지요.

바닷가 동네 사람들은 어떻게 생활하나요?
사회 3-2

▶ [4사10-01] 여러 지역의 자연환경과 인문 환경의 특징을 살펴보고, 환경의 이용과 개발에 따른 변화를 탐구한다.

우리 동네에서 주로 볼 수 있는 **환경**은 무엇인가요? 동네 뒤에 커다란 산이 있을 수도 있고, 큰 강이 흐를 수도 있겠네요. 또 모양이 특별하게 생긴 건물이나 커다란 다리가 있을 수도 있겠고요. 이렇게 **고장**에서 볼 수 있는 환경은 자연 그대로의 **자연환경**과 사람이 만든 환경인 **인문 환경**이 있어요.

자연환경은 산, 바다, 강과 같은 땅의 모양이나 눈, 비 등 날씨와 같은 환경을 말해요. 자연환경에 따라 고장 사람들의 생활 모습도 달라져요. 산이 있는 고장에서는 사람들이 등산하는 모습을 볼 수 있어요. 들이 있는 고장에서는 사람들이 주로 농사를 지으며 생활해요. 하천이 있는 고장에서는 하천의 물을 이용하지요. 바다가 있는 고장에서는 물고기나 조개를 잡습니다.

그런데 고장 사람들이 자연환경을 있는 그대로만 이용하는 것은 아니에요. 자연환경을 이용해서 편리한 시설인 인문 환경을 만들기도 하지요.

산에 사는 사람들은 어떤 시설을 만들까요? 전망대나 케이블카 같은 시설을 만든 것을 볼 수 있어요. 들에서는 논이나 밭, 하천에서는 공원, 바다에서는 항구와 등대 같은 인문 환경을 만들어요.

이렇게 고장 사람들은 자연환경을 그대로 이용하기도 하고, 새롭게 만든 시설인 인문 환경을 이용하기도 합니다. 그리고 고장 사람들은 자연환경과 인문 환경을 이용해 여러 종류의 일을 하며 생활한답니다.

단어 콕콕!
- **환경:** 사람들이 생활하는 주위의 자연적인 조건이나 인문적인 상황.
- **고장:** 사람들이 일정하게 모여 사는 지역이나 동네.
- **자연환경:** 산, 바다, 강과 같은 자연 그대로의 환경.
- **인문 환경:** 사람이 만든 환경으로, 건물, 도로, 항구 등이 있다.
- **시설:** 사람들이 이용하기 위해 만든 구조물이나 장소.

퀴즈 콕콕!

1. 다음 중 본문을 읽고 알 수 <u>없는</u> 내용은 무엇인지 골라 봅시다.

   ① 자연환경의 종류

   ② 고장 사람들의 직업

   ③ 산이 있는 고장 사람들의 생활 모습

   ④ 다양한 고장에서 볼 수 있는 인문 환경의 모습

2. 다음 빈칸에 알맞은 단어를 써 봅시다.

   고장 사람들은 ☐☐☐☐과 ☐☐ ☐☐을 이용해 생활합니다.

정답: 1-②, 2-자연환경, 인문 환경

문해력 콕콕!

 다들 주말 잘 보내고 있나요? 전 가족과 함께 바닷가로 여행을 왔어요. 우리 동네에서 볼 수 없는 여러 가지 인문 환경이 보여요!

항구나 등대 같은 것 말이야?

 응, 그것 말고도 해수욕장도 있고, 파도를 막아 주는 방파제도 있어!

여행 재미있겠네요! 그곳의 자연환경은 어떤가요?

 아무래도 바다가 주로 보여요. 지금은 날씨가 엄청 좋아서 사람들이 해수욕장에서 많이 놀고 있는데, 비가 오면 해수욕장에서 놀기는 힘들 것 같아요.

선생님, 그러면 바닷가 사람들은 주로 어떤 일을 할까요?

 바닷가에 사는 사람들은 주로 어업이나 관광업과 관련된 일을 해요. 어부들은 아침 일찍 바다로 나가 물고기를 잡고, 관광업에 종사하는 사람들은 해수욕장 주변에서 숙박 시설을 운영하거나 해양 스포츠 서비스를 제공하는 일을 할 수 있지요.

 **배경지식 콕콕!**

고장 사람들의 생활 모습

우리나라의 고장들은 자연환경과 인문 환경이 저마다 달라요. 이러한 환경은 사람들의 생활 방식에 큰 영향을 줘요.

다양한 고장에서 사람들이 어떻게 살아가고 있는지 생활 모습을 살펴볼까요?

산이 많은 지역에서는 사람들이 주로 등산이나 산림과 관련된 직업에 종사해요. 예를 들어 산에서 자라는 나무를 관리하는 임업인들이나 등산로를 관리하는 사람들을 볼 수 있지요. 등산을 즐기는 사람들을 위해 산속에 펜션이나 카페 같은 시설을 만들기도 하는데요. 이곳에서는 자연을 즐기며 휴식을 취하는 사람들을 만날 수도 있어요.

들이 있는 지역에서는 농업이 중요해요. 농부들은 논과 밭에서 쌀, 채소, 과일 등을 키워 수확합니다. 계절에 따라 갖가지 지역 특산물을 수확해서 시장에 내다 팔기도 하고요. 지역 축제에 참석해 서로의 소식을 나누거나, 다른 고장 사람들과 교류하기도 합니다.

하천이 흐르는 고장에서는 수상 스포츠 같은 여가 활동을 많이 볼 수 있어요. 사람들은 배를 타거나 낚시를 즐기며 하천에서 시간을 보내요. 하천 주변에는 공원과 산책로가 있어 가족 단위로 나들이를 즐기는 모습도 자주 볼 수 있습니다. 하천의 물을 이용한 수돗물 관리와 환경 보호 활동에 참여하기도 하죠.

이렇게 여러 고장의 사람들은 자연환경의 특징에 따라 하는 일도 다르고, 생활하는 모습도 다르답니다.

왜 달에서는 사람이 살 수 없을까요?
과학 3-1

▶ [4과06-01] 지구가 대기로 둘러싸여 있음을 알고, 지구 표면을 구성하는 육지와 바다의 특징을 비교할 수 있다.

　옛날 사람들은 우리가 살고 있는 **지구**가 네모나다고 생각했어요. 그래서 바다에서 한 방향으로 계속 나아가다 보면 어느새 절벽을 만나 뚝 떨어질 것이라고 생각했지요. 하지만 **인공위성**이 발달한 지금, 우주에서 지구를 보면 동그란 공처럼 생긴 것을 알 수 있어요. 바다에서 한 방향으로 계속 나아가다 보면 다시 원래 자리로 돌아옵니다.

　지구의 특징을 조금 더 살펴봅시다. 지구의 표면은 산, 들, 계곡, 강, 호수, 바다 등 다양한 지형으로 덮여 있어요. 특히 **바다**가 지구 표면을 가장 넓게 덮고 있습니다. 바닷물은 소금이 많아서 사람이 마시기는 어려워요. 지구의 물은 바다뿐만 아니라 육지에도 있는데, 주로 빙하와 지하수의 형태로 그리고 강, 호수, 계곡과 같은 곳에 있어요.

우리 눈에 보이지는 않지만, 지구 주변을 둘러싸고 있는 것이 있어요. 바로 공기입니다. 공기 덕분에 지구의 많은 생물들이 숨을 쉬고 살아갈 수 있어요. 또한 공기는 태양으로부터 오는 해로운 빛을 막아 주고, 우주의 운석으로부터 보호하는 역할도 해요.

한편 달은 둥근 공 모양으로 생겼어요. 표면은 먼지와 암석으로 덮여 있는데, 밝은 곳과 어두운 곳, 울퉁불퉁한 곳과 매끈한 곳을 볼 수 있습니다. 검은색과 회색을 띠는 달 표면의 어두운 곳은 달의 바다라고 불리지만 물은 없어요. 그리고 공기도 없어서, 운석과 충돌하면서 생긴 울퉁불퉁한 구덩이들을 많이 볼 수 있습니다.

단어 콕콕!

- **지구**: 인간이 살고 있는 행성으로, 다양한 생물과 물이 존재하는 곳.
- **인공위성**: 우주에서 지구를 관찰하거나 정보를 수집하기 위해 지구에서 쏘아 올리는 기계.
- **바다**: 지구의 커다란 물 덩어리로, 지구의 수분 대부분을 포함하고 있다.
- **달**: 지구의 위성으로, 표면이 먼지와 암석으로 덮여 있다.

퀴즈 콕콕!

1. 다음 중 달에 대한 설명으로 옳지 <u>않은</u> 것은 무엇인지 골라 봅시다.

    ① 달에는 물이 많다.
    ② 달은 둥그런 공 모양이다.
    ③ 달 표면에는 울퉁불퉁한 구덩이가 많다.
    ④ 달은 어두운 곳과 밝은 곳이 있다.

2. 다음 빈칸에 알맞은 단어를 써 봅시다.

    달은 ☐☐와 ☐이 없어서 사람이 살 수 없는 환경입니다.

정답: 1-①, 2-공기, 물

문해력 콕콕!

 선생님, 지구와 달은 어떤 점이 비슷하고 어떤 점이 다른가요?

 좋은 질문이에요! 먼저 인공위성에서 찍은 지구와 달의 모습을 자세히 관찰해 볼까요?

 둘 다 동그란 공 모양이에요.

 맞아요. 그럼 다른 점은 무엇일까요?

 지구는 파란색, 흰색이 보이는데, 달은 주로 까맣고 회색과 흰색이 보여요.

 네, 지구는 물과 공기가 있어서 파랗고 흰색으로 보이지만, 달에는 공기가 없어서 어둡게 보이는 거예요.

 또 어떤 점이 다른가요?

 온도도 달라요. 지구는 공기가 있어서 온도가 비교적 일정하게 유지됩니다. 그런데 달은 공기가 없어서 낮과 밤의 온도 차가 매우 커요. 낮에는 태양 빛으로 너무 뜨겁고, 밤에는 엄청 추워요.

배경지식 콕콕!

지구 말고 다른 곳에서 살 수 있는 방법은?

지구가 아닌 다른 곳에서 생물이 살 수 있을까요? 지구와 가까운 행성인 화성이 그나마 지구와 환경이 가장 비슷해요. 지금은 생명체가 살기 어려운 환경이지만, 공기도 희미하게 있고 옛날에 물이 흘렀던 흔적도 있어요. 그래서 화성을 인간이 살 수 있는 환경으로 바꾸는 방법을 과학자들이 연구하고 있습니다.

그 방법 중 하나가 바로 테라포밍(terraforming)이에요. 테라포밍이란 '지구화'라는 뜻으로, 다른 행성을 지구와 비슷한 환경으로 만드는 과정을 말해요. 화성을 테라포밍하려면 먼저 두꺼운 공기층을 만들어야 하고, 온도를 높여 물이 액체 상태로 존재할 수 있도록 해야 합니다.

테라포밍의 구체적인 방법으로는 식물을 이용해 산소를 만들거나, 인공적으로 특정한 가스를 내뿜어서 공기를 만드는 방법이 있어요. 또한 화성의 온도를 높이기 위해 온실가스를 내보내거나, 거대한 거울을 우주에 설치해 태양 빛을 화성에 반사하는 방법도 생각하고 있대요. 온도가 높아졌을 때를 가상해, 화성의 얼음을 녹여 강이나 호수를 만들거나, 대기 중의 수증기를 활용하는 방법도 연구되고 있습니다.

테라포밍이 성공한다면, 화성은 인간이 거주할 수 있는 새로운 집이 될 수도 있어요. 다만 테라포밍은 앞으로도 많은 연구와 실험이 필요해요. 시간도 매우 오래 걸릴 거고요. 언젠가 인류가 지구를 떠나 새로운 행성으로 이사하는 날이 올까요?

챌린지 2

생각하고 연결하기
교과 개념을
일상생활과 연결해 보기

이제 읽은 내용을 바탕으로 생각의 폭을 넓혀 볼까요?
교과 개념을 실생활과 연결하고, 세상의 변화와 연관 지어 보세요.
교과 공부가 생활 속에서 살아 움직인다는 걸 깨닫게 됩니다.

더 재미있게 표현해 볼까요?
국어 3-1

▶ [4국05-04] 감각적 표현에 유의하여 작품을 감상하고, 감각적 표현을 활용하여 자신의 생각이나 감정을 표현한다.

시나 이야기처럼 생각이나 감정을 언어로 표현한 것을 **문학** 작품이라고 해요. 문학 작품은 사물을 좀 더 **생동감** 있게 표현해서 그 재미를 더해 주지요.

우리는 눈으로 보고, 귀로 듣고, 입으로 맛보고, 코로 냄새 맡고, 손으로 만지면서 사물을 느낄 수 있습니다. **오감**을 사용해서 사물의 느낌을 생생하게 표현한 것을 감각적 표현이라고 해요. 작품에 감각적 표현이 쓰이면, 대상을 직접 보거나 듣는 것처럼 생생하게 느낄 수 있어요.

다음 시에서 감각적 표현을 찾아보면서 시를 감상해 봅시다.

소나기

오순택

누가 잘 익은 콩을
저렇게 쏟고 있나

또로록 마당 가득
실로폰 소리 난다

소나기 그치고 나면
하늘빛이 더 맑다

단어 콕콕!
- **시**: 생각이나 느낌을 짧고 리듬감 있게 표현한 글.
- **문학**: 인간의 생각과 감정을 언어로 표현한 예술. 시, 소설, 희곡, 수필 등이 있다.
- **생동감**: 생생하게 살아 움직이는 듯한 느낌.
- **오감**: 시각, 청각, 후각, 미각, 촉각 등 다섯 가지 감각.
- **또로록**: '또르르'의 시적 표현. 시에서는 좀 더 재미있게 표현하고 감동을 주기 위해 맞춤법이나 띄어쓰기에 어긋나는 표현을 쓸 수 있다.

 **퀴즈 콕콕!**

1. 본문에 대한 설명으로 알맞은 것은 무엇인지 골라 봅시다.

    ① 이 시의 주제는 콩과 관련이 있다.

    ② 시는 사물을 있는 그대로 표현한다.

    ③ 시에서는 감각적 표현을 찾을 수 있다.

    ④ 감각적 표현은 보거나 듣는 감각만 중요하다.

2. 따라 써 봅시다.

하	늘	빛	이		더		맑	다	.

정답: 1-③

문해력 콕콕!

 <소나기>라는 시 읽어 봤어? 감각적 표현이 정말 재미있더라!

응, 나는 비가 쏟아지는 소리를 콩이 떨어지는 소리로 표현한 것이 인상적이었어.

 맞아, 난 '또로록'이라는 말도 귀여웠어. 맞춤법에 따르면 '또르르'가 맞잖아. 그런데 '또로록'이라고 하니까 뭔가 물방울 떨어지는 소리가 더 생생하게 느껴지는 것 같았어.

시에서 쓰인 감각적 표현이 정말 생생하고 재미있지요? 만약 여러분이라면 어떤 감각적 표현을 써서 '소나기'를 표현해 보고 싶나요?

 저는 '후두둑후두둑' 장구 소리라고 표현할래요.

저는 '쏴아쏴아' 내리는 별빛이라고 표현하고 싶어요. 소나기가 마치 어두운 하늘의 별빛처럼 아름답게 느껴지거든요.

 우아! 소나기라고 직접적으로 말하지 않고 별빛과 장구 소리에 빗대어 표현했네요. 정말 재미있고 생생하게 잘 표현했어요!

옛날 사람들의 문학

오늘날 우리는 생각이나 느낌을 시나 이야기로 재미있게 표현합니다. 옛날 사람들도 마찬가지로 시나 소설과 같은 문학 작품을 통해 자신의 생각과 감정을 표현했어요. 이러한 작품을 '고전'이라고 부릅니다.

고전은 옛날 사람들의 경험과 지혜가 담겨 있어, 과거에 사람들이 어떻게 생각하고 생활했는지 알 수 있는 중요한 자료가 됩니다. 이를 통해 삶의 지혜와 교훈을 얻으며, 올바른 가치가 무엇인지 고민해 볼 수 있어요. 또한 요즘 잘 쓰지 않는 단어들도 많이 나와서, 고전을 꾸준히 읽다 보면 언어 능력도 자연스럽게 향상됩니다.

《양반전》이라는 고전 소설을 읽으면서 당시 사람들의 생각과 생활 모습을 살펴봅시다.

《양반전》에는 가난한 양반과 신분 낮은 부자가 나와요. 양반은 돈이 없어서 빚을 지고 감옥에 갈 위기에 처해요. 반면 부자는 돈은 많지만 양반이 아니라, 양반의 체면을 갖고 싶어 해요. 그래서 부자는 가난한 양반의 빚을 갚아 주고 그 대가로 양반 신분을 사기로 합니다.

관가의 수령은 양반의 빚을 갚아 준 부자에게, 양반 신분을 얻으려면 문서를 만들고 서명해야 한다고 말했어요. 문서에는 양반의 규율이 적혀 있었는데, '양반은 천한 일을 해서는 안 되고, 고상한 행동을 해야 한다.'라는 내용이었어요. 부자는 양반의 규율이 너무 시시해서 좀 더 이익이 되는 게 없냐고 묻자, 수령은 양반의 특권에 대해 알려 주었어요. 그런데 부자는 그게 너무 부당하다는 것을 깨닫고 양반이 되기를 포기해요. 이 이야기는 겉모습이나 체면보다 진정한 가치가 중요하다는 교훈을 담고 있지요.

같은 수를 여러 번 더하는 것보다 더 간편한 방법이 있다고요?

수학 2-1, 2-2, 3-1, 3-2

▶ [2수01-11] 곱셈구구를 이해하고, 한 자리 수의 곱셈을 할 수 있다.
▶ [4수01-04] 곱하는 수가 한 자리 수 또는 두 자리 수인 곱셈의 계산 원리를 이해하고 그 계산을 할 수 있다.

×	1	2	3	4	5	6	7	8	9	10
1	1	2	3	4	5	6	7	8	9	10
2	2	4	6	8	10	12	14	16	18	20
3	3	6	9	12	15	18	21	24	27	30
4	4	8	12	16	20	24	28	32	36	40
5	5	10	15	20	25	30	35	40	45	50
6	6	12	18	24	30	36	42	48	54	60
7	7	14	21	28	35	42	49	56	63	70
8	8	16	24	32	40	48	56	64	72	80

운동회가 열렸네요. 달리기를 하려고 학생들이 한 줄에 네 명씩 총 여섯 줄로 서 있어요. 학생이 모두 몇 명인지 알려면 더해야겠지요? 4+4+4+4+4+4, 이렇게 4를 총 여섯 번 더해야 해요.

그런데 이렇게 일일이 더하지 않더라도 **곱셈**을 하면 더 편하게 전체 학생 수를 알 수 있어요. 먼저 4씩 묶어 세어 볼까요? 4, 8, 12, 16, 20, 24, 이렇게 여섯 묶음으로 셀 수 있어요. 4씩 여섯 묶음은 24입니다. 4씩 여섯 묶음을 다르게 말하면, 4의 여섯 **배**라고도 할 수 있어요. 4의 여섯 배는 24이지요.

이렇게 ○의 □배는 '○×□'로 쓸 수 있습니다. 4의 여섯 배는 '4×6'이라 쓰고 '4 곱하기 6'이라고 읽어요. 4×6은 4를 여섯 번 더하는 것과 같아요. 그리고 '4×6=24'는 '4 곱하기 6은 24와 같습니다.'라고 읽어요.

곱셈구구를 알면 곱셈하는 데 많은 도움이 됩니다. 2단 곱셈구구에서 곱하는 수가 1씩 커지면 곱의 결과는 2씩 커지고, 3단 곱셈구구에서 곱하는 수가 1씩 커지면 곱의 결과는 3씩 커져요. 9단 곱셈구구에서는 곱하는 수가 1씩 커지면 곱의 결과는 9씩 커지지요.

두 자리 수×한 자리 수는 어떻게 할까요? 32×5를 보면 32를 총 다섯 번 더한 것과 같습니다. 32를 30과 2로 나누면 30이 다섯 개, 2가 다섯 개인 것과 같으므로 30×5와 2×5를 더하면 됩니다.

두 자리 수×두 자리 수도 마찬가지예요. 43×26을 볼까요? 43을 26번 더하는 것과 같고, 이는 43을 20번 더하고 43을 6번 더하는 것으로 나누어 볼 수 있어요. 43×20과 43×6을 한 뒤 서로 더하면 됩니다.

단어 콕콕!

- **곱셈**: 같은 수를 여러 번 더하는 것을 간단하게 표현하는 연산.
- **배**: 어떤 수나 양을 몇 번 더한 것인지를 의미한다. 예를 들어 내가 사탕을 세 개 가지고 있고, 친구가 내 사탕보다 네 배 더 많이 가지고 있다고 하자. 그러면 친구는 사탕을 3+3+3+3인 12만큼 가지고 있다는 뜻이다.
- **곱셈구구**: 1부터 9까지의 수를 두 수끼리 서로 곱하여 그 값을 나타낸 것. 구구단이라고도 부른다.
- **두 자리 수**: 10에서 99 사이의 수.
- **한 자리 수**: 0에서 9 사이의 수.

 ## 퀴즈 콕콕!

1. 다음 중 의미가 <u>다른</u> 하나는 무엇인지 골라 봅시다.

   ① 4×6

   ② 4의 여섯 배

   ③ 6×4

   ④ 4+4+4+4+4

2. 다음을 읽고 알맞은 답을 구해 봅시다.

   바퀴가 네 개 달린 네발자전거가 일곱 개, 바퀴가 두 개 달린 두발자전거가 여섯 개 있습니다. 바퀴는 모두 몇 개인가요?

   _____ 개

정답: 1-③, 2-40개

문해력 콕콕!

 선생님, 세로셈으로 곱셈을 할 때 자릿수가 헷갈려요.

 그럴 때는 일단 계산 전에 어림을 해 봐요. 57×24를 하면 대략 60×20으로 생각해서 어림해 보는 거지요.

 60을 열 번 더하면 600인데, 스무 번 더한 것과 같으니까 대략 1200이라고 생각하고 풀면 되겠네요.

 그렇죠. 그다음에는 자릿수를 잘 신경 써서, 올려야 할 수는 꼼꼼히 올리면서 세로셈을 풀어 봅니다.

 우선 57과 4를 곱할게요. 7×4에서 20을 올리고, 50×4에서 200을 올리면 228이 되네요.

```
      2              2
    5 7            5 7
  × 2 4    →     × 2 4
      8          2 2 8
```

 그다음엔 57×20을 하면 되겠네요. 20×7은 140이니 40을 두 번째 줄에 쓰고 100은 올려 줘요. 그리고 20×50은 1000이라 더하면 1140이 돼요. 이걸 다 더하면 1368! 어림했던 1200과 비슷해요!

```
                1                1
    5 7         5 7            5 7
  × 2 4   →   × 2 4   →      × 2 4
  2 2 8       2 2 8          2 2 8    → 57×4
    4 0       1 1 4 0        1 1 4 0  → 57×20
                             1 3 6 8
```

배경지식 콕콕!

인도인의 독특한 곱셈법

　인도 사람들은 수학을 잘하기로 유명해요. 인도에서는 곱셈구구도 19단까지 외운다고 해요. 17×13과 같은 곱셈을 바로 푸니 더 빠르게 계산할 수 있겠지요.

　우리가 주로 사용하는 세로셈 곱셈법 말고도, 인도에는 독특한 곱셈법들이 있어요. 먼저 격자 곱셈법이 있어요. 이 방식으로 34×28을 계산해 봅시다. 격자무늬를 그린 다음 격자 안에 대각선을 그려요. 그리고 나서 격자 모양 위쪽에는 34, 오른쪽에는 28을 씁니다. 위쪽과 오른쪽의 각 숫자를 곱한 값을 구해서 대각선 위쪽에는 십의 자리, 대각선 아래쪽에는 일의 자리를 써요. 대각선을 따라 같은 위치에 있는 수를 모두 더해서 구한 값을 격자 바깥쪽에 써요. 일의 자리는 2, 십의 자리는 15니까 5만 쓰고, 1은 백의 자리로 올려요. 백의 자리는 8+1로 9입니다. 곱의 결과는 952가 됩니다.

　선을 그어서 곱할 수도 있어요. 23×12를 십의 자리와 일의 자리를 구분해서 그림과 같이 선을 그어 봅니다. 10×20이 만나는 점은 **두** 개, 20×2가 만나는 점은 **네** 개, 10×3이 만나는 점은 **세** 개, 2×3이 만나는 점은 **여섯** 개입니다. 여기서 **2**는 백의 자리로 200을 뜻하고, **4**와 **3**은 십의 자리로 각각 40과 30을 뜻하고, **6**은 일의 자리로 6을 뜻해요. 각 자릿수를 합하면 곱셈 결과는 **276**이 됩니다.

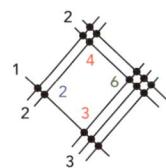

지도를 보고 찾아갈 수 있나요?
사회 4-1

▶ [4사05-01] 우리 지역을 표현한 다양한 종류의 지도를 찾아보고, 지도의 요소를 이해한다.

새로 전학 온 친구에게 학교에서 편의점까지 가는 길을 설명하려고 합니다. 어떤 친구는 학교를 나와 오른쪽으로 쭉 가면 편의점이 있다고 하고, 또 어떤 친구는 학교에서 왼쪽으로 쭉 가면 편의점이 있다고 하네요. 이럴 때 필요한 것이 바로 **지도**입니다.

지도는 위에서 내려다본 땅의 모습을 일정한 약속에 따라 나타낸 그림이에요. 그런데 일반적인 사진이나 그림과는 달라요. 위에서 찍은 사진으로 보면 어느 건물인지, 어떤 장소인지 정확하게 알 수 없어요. 그림은 사람마다 제각각 다르게 그려서 색깔이나 모양이 달라질 수 있지요.

하지만 지도를 보면 위치와 장소를 누구나 쉽게 알아볼 수 있습니다.

지도에는 정해진 약속에 따라 그린 **기호**가 있어요. 산, 하천, 철도, 도로, 과수원, 학교 등을 정해진 모양대로 그려야 해요. 지도에 쓰인 기호와 그 뜻은 **범례**로 알 수 있어요.

지도에는 **방위**도 표시되어 있어요. 방위는 방향의 위치를 말합니다. 보통 지도 위쪽에 보면 숫자 4처럼 생긴 기호가 보여요. 4의 오른쪽, 왼쪽, 아래쪽, 위쪽 모서리는 순서대로 동, 서, 남, 북 방향을 나타내요. 4가 보이지 않는다면 지도의 오른쪽이 동쪽, 위쪽이 북쪽이에요.

지도에서 실제 거리를 줄여서 나타낸 것을 **축척**이라고 합니다. 축척은 지도 아래에 막대자로 표시해요. 지도에서 자로 잰 거리가 실제 거리로는 얼마인지 축척을 통해 알 수 있지요.

땅의 높낮이도 등고선과 색깔로 지도에 표현해요. 등고선은 땅의 높이가 같은 곳을 연결한 선이에요. 땅의 높이가 높을수록 진한 색으로, 낮을수록 연한 색으로 표시합니다.

단어 콕콕!

- **지도:** 땅의 모습을 일정한 비율로 줄여 이를 약속된 기호로 평면에 나타낸 그림.
- **기호:** 지도에 사용되는 특정한 모양이나 부호 등.
- **범례:** 지도에 사용된 기호와 그 뜻을 설명하는 표.
- **방위:** 일정한 기준을 중심으로 방향의 위치를 나타내는 것. 동서남북의 네 방향을 기준으로 한다.
- **축척:** 지도에서 실제 거리를 줄여 표시한 비율.

퀴즈 콕콕!

1. 다음 중 본문의 내용과 맞지 <u>않은</u> 것은 무엇인지 골라 봅시다.

   ① 지도는 실제 거리를 줄여서 나타낸다.
   ② 지도에 방위 표시가 없으면 위쪽이 북쪽이다.
   ③ 지도는 일반적인 사진이나 그림과는 차이가 있다.
   ④ 지도에 산이나 학교를 내 마음대로 그릴 수 있다.

2. 다음 빈칸에 알맞은 단어를 써 봅시다.

   지도에서 땅의 높낮이는 ☐☐☐과 ☐☐을 사용해서 표현한다.

정답: 1-④, 2-등고선, 색깔

문해력 쏙쏙!

 친구들과 현장 체험 학습으로 놀이공원에 오니까 너무 재미있다. 시간 가는 줄 모르겠어. 우리 몇 시에 어디로 모이지?

 선생님께서 3시까지 회전목마 앞에서 모이자고 하셨잖아.

 지금이 2시니까 곧 모여야겠네. 지금 우리가 있는 곳이 바이킹이야. 회전목마까지 얼마나 걸릴까?

 지도 밑에 축척이 표시된 자를 보니 1cm에 100m야. 바이킹에서 동쪽으로 쭉 가면 회전목마가 나오는데, 지도에서는 대략 8cm네. 그러면 실제로는 800m라는 뜻이니까 한 10분 정도 걸어가야겠어.

 그러면 바이킹 서쪽에 있는 정글 탐험을 하나 할까?

 음, 시간이 부족할 것 같은데. 지도를 보고 최대한 가까운 거리로 이동해 보자. 어차피 동쪽 끝에 있는 회전목마로 가야 하니까, 동쪽으로 가는 길에 있는 재미있는 놀이기구를 타는 게 어때?

 좋아, 지도가 있으니 편하네. 얼른 뛰자!

[얼마 후]

 여러분 모이기로 한 시간까지 늦지 않게 잘 도착했네요!

조상들이 그린 우리 지도

오늘날 지도는 우리에게 다양한 정보를 줘요. 고속 도로, 거리, 도시, 해변의 모양 등 땅의 모습을 나타내어 여행을 가거나 특정 장소를 쉽게 찾을 수 있도록 도와줍니다.

조상들에게도 지도는 아주 중요했어요. 주변 나라들과 전쟁할 때 지도가 정확할수록 승리하기 훨씬 쉬웠을 테니까요.

우리나라에 전해지는 가장 오래된 지도는 조선 시대 1402년에 제작된 '혼일강리역대국도지도'예요. 이 지도는 당시 알려진 세계의 모습을 담고 있는데, 동아시아와 유럽, 아프리카까지 포함되어 있어요. 비행기나 인공위성이 없던 시대에 그려져 지도 속 모습이 정확하지는 않지만, 조상들의 생각을 엿볼 수 있어요. 예를 들어 중국 땅을 실제보다 더 크게 그렸는데, 당시 우리 조상들이 중국을 중요하게 생각했다는 것을 알 수 있지요.

'대동여지도'는 1861년 김정호가 만든 조선 후기의 대표적인 지도예요. 김정호가 직접 여러 지역을 답사하며 지형을 조사한 뒤 그렸지요. 한반도 지형을 매우 자세히 표현하고 있으며, 각 지역의 행정 구역과 주요 지형지물, 하천, 산맥 등을 정확하게 기록하고 있습니다. '대동여지도'는 특히 정확한 축척과 세밀한 표현으로 유명해요. 단순한 지도를 넘어 역사적, 지리적 가치가 높은 문화재로 인정받고 있습니다.

지도를 통해 우리는 조상들의 삶과 지혜를 배울 수 있습니다. 또한 우리의 역사와 문화를 더욱 깊이 이해하는 데도 지도가 도움을 줍니다.

위장술이 뛰어난 동물들이 여기 숨어 있었네요?
과학 3-2

▶ [4과02-01] 여러 가지 동물을 관찰하여 특징에 따라 동물을 분류할 수 있다.

생물은 여러 종류로 나뉘지만, 우리 주변에서 쉽게 볼 수 있는 생물은 대부분 동물과 식물로 구분됩니다. 동물은 주로 다른 먹잇감을 찾아다니며 **양분**을 얻습니다. 반면 식물은 스스로 양분을 만들어 내며, 대부분 움직이지 않는다는 점에서 동물과 큰 차이가 있어요.

동물은 여러 가지 기준으로 **분류**할 수 있어요. 생김새에 따라 동물을 분류해 볼까요? 다리가 있는지 없는지, 더듬이가 있는지 없는지, 색깔이 어떤지 등이 분류 기준이 될 수 있습니다. 이렇게 동물의 생김새를 잘 관찰하면, 여러 가지 기준으로 분류해 볼 수 있습니다.

생김새뿐만 아니라 동물이 사는 곳이나 먹이의 종류에 따라서도 분류할 수 있어요. 새끼를 낳는지 알을 낳는지, 뼈가 있는지 없는지도 중요한 분류 기준이지요. 이처럼 동물을 다양한 특징에 따라 분류할 수 있어요.

동물은 저마다 사는 **환경**에 알맞은 특징을 가지고 있어요. 예를 들어 강가나 호숫가에 사는 수달이나 개구리, 오리와 같은 동물은 물갈퀴가 있어서 헤엄을 치기 좋습니다. 특히 수달이나 오리는 털에 기름기가 있어서 물에 젖지 않고 잘 뜰 수 있습니다. 물속에 사는 물고기는 몸통이 부드러운 곡선 형태로 돼 있어 빠르게 헤엄칠 수 있어요. 이런 특징 덕분에 동물들은 환경이 아주 **척박**한 곳에서도 살아가요.

사는 곳의 환경과 몸 색깔을 비슷하게 **위장**하는 동물들도 있어요. 북극여우는 털이 여름에는 주로 갈색과 회색이었다가 겨울이 되면 눈과 비슷한 흰색으로 털갈이해요. 이는 다른 동물들의 공격을 피하거나 몰래 숨어 있다가 먹이를 잡기 위해 환경에 적응한 결과예요.

단어 콕콕!
- **양분**: 생물이 살아가는 데 필요한 영양소.
- **분류**: 생물이나 사물을 여러 기준에 따라 나누는 것.
- **환경**: 생물이 살아가는 주위의 조건이나 상황.
- **척박**: 땅이 기름지지 못하고 몹시 메마른 환경.
- **위장**: 본래의 정체나 모습이 드러나지 않도록 하는 것.

퀴즈 콕콕!

1. 동물을 분류할 때 사용하지 <u>않는</u> 기준은 무엇인지 골라 봅시다.

   ① 색깔
   ② 생김새
   ③ 사는 곳
   ④ 나이

2. 다음 빈칸에 알맞은 단어를 써 봅시다.

   동물들은 살고 있는 ☐☐ 에 알맞은 특징을 가지고 있습니다.

정답: 1-④, 2-환경

문해력 콕콕!

 선생님, 동물들을 어떻게 분류하나요?

 동물들은 여러 가지 기준에 따라 분류할 수 있어요. 분류할 때는 공통점과 차이점을 잘 관찰한 뒤 기준을 생각해야 해요.

 여러 동물을 관찰해 보니 사는 장소가 조금씩 달라요. 그래서 사는 곳에 따라서 물에서 사는 동물, 땅에서 사는 동물, 하늘에서 사는 동물로 분류했어요.

 사는 곳이 다르다는 차이점을 잘 관찰해서 분류했네요!

 저는 동물들을 관찰하니까 예쁜 동물도 있고 별로 예쁘지 않은 동물도 있더라고요. 그래서 분류 기준을 예쁜지 예쁘지 않은지로 정해 봤어요.

 아! 분류 기준을 정할 때 조심할 점이 있어요. 분류 기준은 누가 분류하더라도 같은 결과가 나올 수 있도록 객관적이어야 해요. 사랑이의 눈에는 예쁜 동물이, 다른 학생 눈에는 별로 안 예쁠 수도 있거든요.

 주관적인 기준은 분류 기준으로 적절하지 않군요.

동물의 분류와 특성

　세상에는 수많은 동물이 있어요. 이 동물들을 어떻게 분류할 수 있을까요? 먼저 척추가 있는지 없는지에 따라 척추동물과 무척추동물로 나눠요. 척추가 있는 척추동물은 다시 체온을 일정하게 유지할 수 있는 동물과 주변 온도에 따라 체온이 변하는 동물로 나눕니다.

　체온을 일정하게 유지하는 동물에는 포유류와 조류가 있어요. 새끼를 낳아 젖을 먹여 기르는 동물을 포유류라고 해요. 사자, 코끼리, 고래와 같은 동물이 모두 포유류랍니다. 알을 낳으며, 깃털과 날개가 있는 동물은 조류라고 해요. 하늘을 나는 독수리부터 우리 주변에서 흔히 볼 수 있는 참새까지 여러 종류가 있지요.

　주변 온도에 따라 체온이 변하는 동물에는 파충류, 양서류, 어류가 있어요. 파충류는 몸이 딱딱한 비늘로 덮여 있고 폐로 호흡하며 대부분 알을 낳습니다. 뱀, 도마뱀, 거북이 같은 동물이 있어요. 양서류는 물과 육지에서 모두 살 수 있는 동물이에요. 어릴 때는 아가미로 물에서 숨을 쉬다가 다 자라서는 폐와 피부로 호흡해요. 개구리와 도롱뇽이 대표적인 양서류랍니다. 어류는 물속에서 사는 동물로 평생 물속에서 아가미로 호흡하지요. 상어, 금붕어 같은 동물이 어류입니다.

　무척추동물은 척추가 없는 동물로 전체 동물의 약 97퍼센트나 된대요. 이들은 몸의 구조에 따라 절지동물, 환형동물, 연체동물, 자포동물로 나뉘어요. 몸에 마디가 있는 절지동물에는 곤충이나 거미가 있어요. 지렁이나 거머리와 같은 동물은 마디가 있는 환형동물에 속해요. 몸에 마디가 없는 동물에는 오징어, 달팽이 같은 연체동물이 있고, 해파리나 산호 같은 자포동물도 있어요.

사람의 성격을 MBTI보다 더 정확하게 알아보는 방법이 있다고요?
국어 4-2

▶ [4국05-01] 인물과 이야기의 흐름을 중심으로 작품을 감상한다.

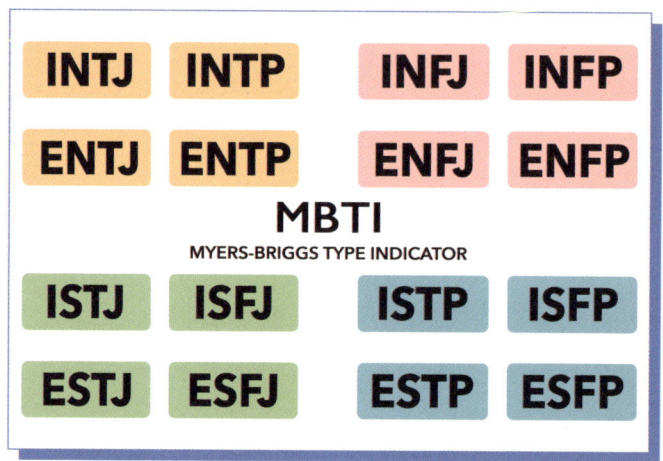

윤아와 우진이, 나는 셋이 함께 공기놀이를 했어요. 가장 먼저 윤아가 공깃돌을 잡았어요. 윤아는 입을 **앙다물고** 무척 침착하게 공깃돌을 던지고 잡기를 계속했어요.

그런데 갑자기 윤아가 앞으로 폭 **고꾸라지지** 뭐예요. 장난꾸러기 창훈이가 다른 아이들이랑 장난치며 뛰다가 윤아와 부딪친 거죠.

"김창훈! 너 때문에 죽었잖아!"

윤아는 공깃돌을 못 잡은 게 억울해서 소리쳤어요. 창훈이는 미안하다는 소리 대신 혀만 쏙 내밀고는 획 도망가 버리는 거 있죠.

그런데 얼마 뒤에 창훈이가 다시 와서는 윤아와 나를 또 밀치고 갔어요. 윤아와 나는 하마터면 같이 넘어질 뻔했지요. 그때 우진이가 갑자기 창훈이 팔을 꽉 잡아채더니 윤아와 내 앞으로 창훈이를 돌려세웠어요.

"너 왜 자꾸 여자애들 괴롭혀? 아까 일도, 지금 일도 얼른 사과해."

우진이는 작정한 듯이 굳은 얼굴로 창훈이를 **다그쳤고**, 창훈이는 싱글싱글 웃으며 우진이 손을 억지로 떼어 내려 했어요.

"너 지금 사과 안 하면 선생님께 다 이를 거야."

일이 이쯤 되자 창훈이는 슬슬 웃기기 작전을 쓰기 시작했어요. 보일 듯 말 듯한 작은 새우 눈으로 눈웃음을 살살 지으며, 콧구멍을 **벌름거리고** 입을 펭귄처럼 쭉 내밀고는 "우진아, 한 번만 봐줘잉. 난 선생님이 제일 무서웡." 하고 콧소리를 내며 말하더라고요.

단어 콕콕!

- **앙다물다**: 힘을 주어 꽉 다물다.
  예) 입을 앙다물다.
- **고꾸라지다**: 앞으로 고부라져 쓰러지다.
- **다그치다**: 일이나 행동을 요구하며 몰아붙이다.
  예) 코치님은 훈련을 더 열심히 하라고 다그치셨다.
- **벌름거리다**: 벌어졌다 오므라졌다 하다.
  예) 너무 떨려서 심장이 벌름거린다.

퀴즈 콕콕!

1. 본문에 나온 인물의 성격으로 알맞지 <u>않은</u> 것은 무엇인지 골라 봅시다.

   ① 나는 소심한 성격이다.
   ② 우진이는 정의로운 성격이다.
   ③ 창훈이는 장난기가 많은 성격이다.
   ④ 윤아는 할 말은 참지 않고 하는 성격이다.

2. 따라 써 봅시다.

앙	다	물	다	.

   ▼

문해력 콕콕!

 예준아, MBTI 성격 검사 해 봤어? 나는 ENTP로 나오네. 독특한 아이디어를 잘 생각하는 특징이 있대.

오! 나도 해 봤어. 나는 ISTJ야. 신중하고 책임감이 강하다고 해. MBTI도 좋지만, 사람의 성격을 알아보는 데 더 좋은 방법이 있어.

 아 그래? 어떤 방법이야?

그 사람이 하는 말이나 행동을 잘 살펴보면 성격을 알 수 있어. 우진이가 창훈이한테 했던 말이나 행동을 봐!

 "너 왜 자꾸 여자애들 괴롭혀? 아까 일도, 지금 일도 얼른 사과해."라고 말한 것을 보니 정의로워 보여.

응, 그 말은 들은 창훈이의 행동을 봐. 웃긴 표정을 짓고 콧소리를 내면서 화난 친구들을 웃음 짓게 하네. 성격이 정말 재미있고 유쾌한 친구 같아.

배경지식 콕콕!

MBTI가 뭐예요?

MBTI는 사람의 성격 유형을 알아보는 검사입니다.

먼저 E(외향형)와 I(내향형)가 있습니다. E는 사람들을 많이 만나서 대화하며 외부로부터 에너지를 얻는 성향이에요. I는 내부로부터 에너지를 얻어요. 혼자 깊이 생각하면서 에너지를 충전하고, 많은 사람보다는 소수의 사람을 만나는 것을 좋아해요.

다음은 세상을 바라볼 때의 성격 유형을 알려 주는 N(직관형)과 S(감각형)가 있습니다. N은 풍부한 상상력을 바탕으로 실제 본 것을 넘어서서 다양한 아이디어를 떠올릴 수 있어요. S는 관찰력이 뛰어나서 실제로 보고 느낀 것을 정확하게 바라볼 수 있지요.

감정형인 F와 사고형인 T도 있어요. 어떤 일을 판단할 때 주로 사람과의 관계, 감정을 위주로 판단한다면 F 성향이에요. T는 사실과 진실을 위주로 판단하려는 성향이지요.

마지막으로 P는 주로 즉흥적인 생활을 선호하고, J는 계획적인 생활을 선호해요. 여행을 예로 들어 볼까요? J는 어디를 갈지 미리 철저하게 계획한다면, P는 발길이 닿는 대로 좀 더 자유롭게 여행하는 모습을 볼 수 있어요.

지금까지 살펴본 네 가지 유형에서 각각 한 가지 성향을 선택하면 총 16가지 성격 유형이 나와요. 하지만 수많은 사람을 단 16가지 성격으로 나눌 수는 없지요. 사람의 성향은 시간이 지나면서 바뀌기도 해서 성격을 보다 정확히 알기 위해서는 여러 가지를 더 생각해 봐야 합니다.

똑같이 나눠 가지면 내 몫은 얼마일까요?
수학 3-1, 3-2

▶ **[4수01-06]** 나누는 수가 한 자리 수인 나눗셈의 계산 원리를 이해하고 그 계산을 할 수 있으며, 나눗셈에서 몫과 나머지의 의미를 안다.

다섯 사람이 사탕 20개를 똑같이 나눠 가지려고 합니다. 한 명이 사탕을 몇 개씩 가져갈 수 있을까요?

이럴 때 **나눗셈**이 필요해요. 20을 5로 나누면 4가 됩니다. 20÷5와 같은 계산을 '나눗셈'이라고 해요. 20÷5=4와 같은 식을 '나눗셈식'이라고 하고 '20 나누기 5는 4와 같습니다.'라고 읽어요. 사탕 20개를 다섯 명이 똑같이 나눠 가지면 한 명의 **몫**은 사탕 네 개입니다.

나눗셈이 필요한 또 다른 상황이 있습니다. 사탕 20개를 다섯 개씩 나눠 가지면 몇 명에게 나누어 줄 수 있을까요?

이럴 때는 20에서 5를 계속 빼면 됩니다. 20-5-5-5-5=0 20에서 5를 네 번 뺄 수 있네요. 네 명에게 나눠 줄 수 있다는 뜻이지요.

나눗셈은 곱셈과 반대 상황이에요. 곱셈이 같은 수를 여러 번 더했다면 나눗셈은 같은 수를 여러 번 빼는 것과 같습니다. 20-5-5-5-5처럼 말이에요. 이를 나눗셈식으로 나타내면 20÷5=4이고, 5씩 네 번 뺄 수 있으므로 몫은 4예요.

정확히 나누지 못하고 남는 수가 생길 수도 있어요. 예를 들어 22÷5를 하면 22-5-5-5-5=2가 되지요. 5씩 네 번을 빼고 2가 남아요. 이때 5를 **나누는 수**, 4를 몫, 2를 **나머지**라고 해요. 이를 나눗셈식으로는 '22÷5=4…2'라고 써요.

곱셈식과 나눗셈식은 서로 바꾸어서 나타낼 수도 있답니다. 4×6=24는 24÷4=6 또는 24÷6=4로 바꾸어서 나타낼 수 있어요. 반대로 24÷4=6을 4×6=24 또는 6×4=24로 나타낼 수 있지요. 이를 바탕으로 24÷4의 몫을 4×6=24의 곱셈식으로도 구할 수 있습니다.

단어 콕콕!

- **나눗셈**: 주어진 수를 다른 수로 나누는 연산.
- **몫**: 나눗셈에서 나누어진 수가 몇 번 들어가는지를 나타내는 수.
- **나누는 수**: 나눗셈에서 주어진 수를 나누는 역할을 하는 수.
- **나머지**: 나눗셈에서 나누어 떨어지지 않고 남는 수.

 ## 퀴즈 콕콕!

1. 다음 중 36÷4의 몫은 무엇인지 골라 봅시다.

    ① 3
    ② 6
    ③ 9
    ④ 12

2. 다음을 읽고 알맞은 답을 구해 봅시다.

    딱지 40장을 일곱 개씩 친구들에게 나누어 주려고 합니다. 몇 명에게 나누어 줄 수 있나요? 그리고 남은 딱지는 몇 장인지도 써 봅시다.

    _____ 명에게 _____ 장 나누어 줄 수 있다.

정답: 1-③, 2-5명, 5장

문해력 콕콕!

나눗셈을 세로셈으로 푸는데 이 문제를 틀렸어. 뭐가 틀렸는지 잘 모르겠네.

$$
\begin{array}{r}
16 \\
4{\overline{\smash{)}70}} \\
\underline{40} \\
30 \\
\underline{24} \\
6
\end{array}
$$

70을 4씩 덜어 내는 거구나. 우선 10번을 덜어 낼 수 있으니까, 1을 쓰고 40을 쓴 뒤 70에서 40을 뺀 30까지는 잘했어. 그런데 30에서 4는 여섯 번이 아니라 일곱 번까지 덜어 낼 수 있잖아. 그러니까 24가 아니라 28이지. 30에서 28을 빼면 나머지는 2야.

맞아요. 나눗셈할 때는 나머지가 나누는 수보다 크면 안 돼요. 나머지가 나누는 수보다 크면 더 나눌 수 있다는 뜻이지요. 몫을 더 늘려야 해요.

아 그렇군요. 그럼 나눗셈을 하고 난 뒤 계산이 맞았는지 다시 확인하려면 어떻게 하나요?

나눗셈을 잘했는지 확인하는 방법이 있어요. 나눗셈은 곱셈의 반대라는 것을 생각해 보면 돼요.

음, 우선 나누는 수와 몫을 곱한 뒤에 나머지를 더해서 처음 나누어지는 수가 나오면 되겠네요!

 **배경지식 콕콕!**

사칙 연산이 섞이면?

덧셈, 뺄셈, 곱셈, 나눗셈의 사칙 연산이 섞인 계산은 어떻게 할까요?

사칙 연산이 섞인 계산을 '혼합 계산'이라고 해요. 덧셈과 뺄셈의 혼합 계산은 앞에서부터 순서대로 해야 해요. 24-5+7의 경우, 24에서 먼저 5를 뺀 뒤 7을 더하는 거지요. 순서를 바꾸어서 5와 7부터 더하면 24-12=12가 되어 계산 결과가 달라집니다.

곱셈과 나눗셈의 혼합 계산도 마찬가지예요. 24÷6×4는 앞에서부터 순서대로 24에서 6을 나눈 뒤 4를 곱해야 합니다. 만약 순서를 바꾸어서 6×4를 먼저 하면 역시 계산 결과가 달라져요.

그런데 괄호가 있을 수도 있어요. 24÷(6×4)를 봅시다. 괄호는 괄호 안의 계산을 먼저 하라는 뜻입니다. 6×4를 먼저 한 뒤 24÷24를 해야 해요. 덧셈과 뺄셈의 혼합 계산도 방법은 같아요. 24-(5+7)이면 5+7을 먼저 한 뒤 24-12를 하면 12가 나옵니다.

곱셈과 나눗셈, 덧셈과 뺄셈이 함께 있는 혼합 계산은 어떻게 할까요? 이때는 순서대로 하면 안 됩니다. 곱셈과 나눗셈 먼저 해야 하지요. 12+4×6÷3-7을 보세요. 우선 곱셈과 나눗셈을 순서대로 해야 해요. 4×6을 한 뒤 ÷3을 하면 8입니다. 그다음 12+8-7을 순서대로 계산하는 거예요.

사칙 연산의 혼합 계산 방법을 정리해 봅시다. 먼저 괄호 안부터 계산한 뒤 곱셈과 나눗셈을 순서대로 계산합니다. 그러고 나서 덧셈, 뺄셈을 순서대로 계산해요. 혼합 계산의 순서를 잘 생각해서 복잡한 계산을 좀 더 쉽게 해결해 보세요.

우리 동네에 옛날 보물이 있었다고요?
사회 4-1

▶ [4사06-01] 지역의 문화유산을 통해 문화유산의 의미와 유형을 알아보고, 문화유산의 가치를 탐색한다.

　영화나 드라마에서 옛날 사람들이 살던 집을 본 적이 있나요? 옛날 초가나 기와집은 요즘 시대의 주택과 매우 다르지요. 이렇게 사람들은 지역과 시대에 따라 조금씩 다른 **문화**에서 살아가요. 문화란 사람들이 생활하는 모습을 말해요.

　옛날 사람들의 생활 모습 중에 역사적으로 가치가 있어서 오늘날까지 이어져 내려오는 것들을 **문화유산**이라고 해요. 문화유산에는 **유물**이나 **유적**처럼 형태가 있는 **유형 문화유산**과 악기 연주, 만드는 기술과 같이 형태가 없는 **무형 문화유산**이 있어요. 문화유산을 통해 지역의 역사와 전통문화를 알 수 있습니다.

　지역을 대표하는 유형 문화유산에는 어떤 것들이 있을까요? 인천의 강화도는 아주 커다란 돌무덤인 고인돌이 유명해요. 충청남도 공주시는 백제 시대의 수도였는데, 백제 왕의 무덤도 있고 왕족의 여러 물건도 발견되었어요. 경상북도 안동시의 하회 마을은 지금도 기와집과 초가가 잘 보존되어 있고, 탈이 유명하지요.

　무형 문화유산은 사람에서 사람으로 전해지는데, 지역 사람들의 **풍속**이 담긴 노래나 춤, 놀이, 기술 등이 있지요. 전라북도의 판소리, 병풍을 만드는 '배첩'이라는 기술, 부산의 '별신굿'이라는 마을 제사와 같은 것들이 무형 문화유산의 예입니다.

　문화유산은 지역의 자연환경이나 사람들의 생활 모습과 관련이 깊어요. 특히 역사적으로 의미가 큰 문화유산은 오늘날 지역 축제로도 전해져 내려오면서 전국의 많은 사람이 체험하고 있어요.

단어 콕콕!
- **문화**: 사람들이 생활하는 모습을 나타내는 개념.
- **문화유산**: 역사적 가치가 있는 옛날의 생활 모습이나 물건.
- **유물**: 과거에서부터 전해져 오는 가치 있는 물건.
- **유적**: 과거의 생활이나 사건을 보여 주는 장소나 구조물.
- **유형 문화유산**: 건축물, 유물처럼 형태가 있는 문화유산.
- **무형 문화유산**: 전통 음악, 기술처럼 형태가 없는 문화유산.
- **풍속**: 특정 지역 사람들의 전통적인 생활 방식이나 습관.

퀴즈 콕콕!

1. 다음 중 종류가 <u>다른</u> 문화유산은 무엇인지 골라 봅시다.

   ① 기와집

   ② 고인돌

   ③ 판소리

   ④ 왕의 무덤

2. 다음 빈칸에 알맞은 단어를 써 봅시다.

   옛날 사람들의 생활 모습 중 역사적으로 가치가 있어서 오늘날까지 내려오는 것에는 형태가 있는 ☐☐ ☐☐☐☐과 형태가 없는 ☐☐ ☐☐☐☐이 있습니다.

   정답: 1-③, 2-유형 문화유산, 무형 문화유산

문해력 콕콕!

우리 동네 문화유산을 많이 볼 수 있는 국립 공주 박물관에 답사 가는 거 어때?

좋지! 미리 답사 계획을 세워 보자. 박물관에는 워낙 유물들이 많으니까 특히 보고 싶은 것을 정하면 좋을 것 같아.

맞아! 나는 무령왕릉에서 나온 유물이 궁금해. 백제의 왕과 왕비는 생활 속에서 어떤 물건들을 썼는지 보고 싶어.

그럼 박물관에서 무령왕릉 유물이 어디에 있는지 미리 확인해 보자. 국립 공주 박물관 누리집을 확인해 보니 1층에 있네!

좋아. 이번 주말에 만나서 같이 가자. 그런데 선생님께서 박물관에 가기 전 조사하고 싶은 것들을 미리 써 가면 좋다고 하셨는데.

궁금한 점이나 질문도 미리 정리해서 가자. 예를 들어 무령왕릉이 언제 어디에서 발견되었는지 물어볼 수 있을 것 같아.

알겠어! 그리고 답사 후에 각자 느낀 점이나 배운 점에 대해 이야기를 나누어야 하니 메모지와 연필을 꼭 챙기자.

 **배경지식 콕콕!**

자랑스러운 우리 세계 유산

우리나라 문화유산 중에는 세계적으로 가치를 인정받아 유네스코(UNESCO) 세계 문화유산으로 등록된 것이 많습니다. 유네스코는 세계의 문화와 자연을 보호하고 보전하기 위해 만들어진 국제기구예요.

유네스코 세계 문화유산으로 등록된 우리나라의 여러 문화유산을 살펴볼까요? 경상북도 경주에 있는 석굴암과 불국사는 신라 시대의 뛰어난 건축과 조각 기술을 보여 주는 불교 유적이에요. 석굴암은 동굴 안에 있는데, 자연과 조화를 이루는 세밀한 불상 조각이 돋보여요. 불국사는 화려한 건축물과 아름다운 정원이 조화를 이루죠.

서울에는 종묘와 창덕궁이 있어요. 종묘는 조선 왕조의 왕과 왕비를 모신 사당이에요. 전통적인 건축 양식과 제사 문화가 잘 보존되어 있어요. 매년 열리는 제사 의식으로 전통문화를 경험할 수 있지요. 창덕궁은 조선 왕조의 주요 궁궐 중 하나예요. 특히 창덕궁에 있는 후원은 놀이와 잔치 장소로 사용되었는데, 연못과 아름다운 정원으로 유명해요.

우리나라의 무형 문화유산도 세계 유산으로 등록되어 있어요. 우리 전통 음악인 판소리는 소리꾼 한 명이 북을 치는 사람에 맞추어 노래나 말, 몸짓을 섞어서 표현해요. 판소리 말고도 김치를 담그는 김장 문화, 민속놀이인 강강술래와 같은 많은 무형 문화유산이 유네스코의 인정을 받았어요.

우리나라의 세계 문화유산은 그 자체로도 아름답고, 역사적으로도 큰 의미가 있어요. 우리는 이러한 문화유산을 잘 아껴서 다음 세대에 전해 주어야겠지요?

소리는 어떻게 우리 귀에 들릴까요?
과학 3-2

▶ **[4과07-02]** 큰 소리와 작은 소리, 높은 소리와 낮은 소리를 구분하고 세기와 높낮이가 다른 소리를 낼 수 있다.

소리는 어떻게 나서 우리 귀에 들리는 걸까요? 소리가 나는 물체에 손을 대 보면 떨림 현상을 느낄 수 있습니다. 예를 들어 소리굽쇠를 치면 소리굽쇠가 떨리면서 소리가 나요. 떨리는 소리굽쇠처럼 우리 목도 떨리면서 소리를 내고, 악기나 스피커도 소리를 낼 때 **진동**을 합니다.

우리가 듣는 소리 대부분은 기체인 공기를 통해 전달됩니다. 소리가 나는 물체의 진동이 공기를 떨리게 하고, 그 떨림이 우리 귀로 전해져요. 그리고 귀 안의 **고막**이 떨리면서 우리가 소리를 들을 수 있는 것입니다.

소리는 기체뿐만 아니라 액체나 고체를 통해서도 전달될 수 있어요.

실 전화기의 한쪽 끝에서 소리를 내면, 고체인 실이 떨리면서 다른 쪽 끝으로 소리가 전해져 소리를 들을 수 있습니다.

큰 소리와 작은 소리는 어떤 차이가 있을까요? **소리의 세기**는 물체가 떨리는 정도에 따라 달라져요. 물체가 떨리는 정도가 크면 큰 소리가 나고, 떨리는 정도가 작으면 작은 소리가 나요.

높은 소리와 낮은 소리는 얼마나 자주 떨리느냐에 따라 달라져요. 높은 소리는 낮은 소리보다 공기 중에서 더 자주 떨려요. 악기의 음판이나 관의 길이가 짧으면 높은 소리가 나고, 길수록 낮은 소리가 나요.

일상생활에서 나는 불쾌하고 시끄러운 소리를 **소음**이라고 해요. 소음을 줄이려면 물체의 진동을 줄여서 소리의 세기를 줄이거나, 소리를 잘 전달하지 않는 물질을 사용하면 돼요. 또 주택 근처에 세워진 도로의 방음벽처럼 소리를 반사해서 소음을 줄이는 방법도 있습니다.

단어 콕콕!

- **소리:** 물체의 진동으로 발생하는 음파.
- **진동:** 물체가 반복적으로 흔들리거나 떨리는 현상.
- **고막:** 귀 안에 있는 막으로, 소리를 듣는 역할을 한다.
- **소리의 세기:** 소리의 크기로, 물체의 떨림 정도에 따라 달라진다.
- **소음:** 불쾌하고 시끄러운 소리.

퀴즈 콕콕!

1. 다음 중 소리의 원리에 대한 설명으로 옳지 <u>않은</u> 것은 무엇인지 골라 봅시다.

    ① 소리는 물체의 진동으로 발생한다.
    ② 소리는 항상 기체를 통해서만 전달된다.
    ③ 소리의 세기는 물체의 떨림 정도에 따라 다르다.
    ④ 높은 소리는 낮은 소리보다 공기 중에서 더 자주 떨린다.

2. 다음 빈칸에 공통으로 들어갈 알맞은 단어를 써 봅시다.

    소리는 물체의 ☐☐에 의해 발생합니다. 물체의 ☐☐이 클수록 더 큰 소리가 나고 ☐☐이 작을수록 더 작은 소리가 납니다.

정답: 1-②, 2-떨림(진동)

문해력 콕콕!

 아래층에서 우리 집 소음이 너무 심하다고 연락이 와요. 어떻게 하면 소음을 줄일 수 있을까요?

우선 소리의 세기를 줄여야 할 것 같은데? 음악이나 텔레비전 소리의 세기를 작게 하고 목소리도 좀 작게 하면 어떨까?

 앞으로는 소리의 세기를 작게 해야겠네. 또 다른 방법은 없을까요?

집에 있는 물건을 소리가 잘 전달되지 않는 물질들로 바꾸면 좋을 것 같아요. 예를 들어 자주 사용하는 의자 같은 것 밑에 푹신한 쿠션을 붙인다든지, 거실에 매트 같은 것을 깔아서 소리가 잘 전달되지 않게 하는 거죠.

 집에서 슬리퍼를 신고 다녀도 소리가 잘 전달되지 않을 것 같아요!

그 방법도 좋네요. 진동하는 물체의 떨림을 최대한 작게 하고 소리를 잘 전달되지 않도록 하면 소음을 많이 줄일 수 있을 거예요. 하지만 층간 소음에서 무엇보다도 중요한 것은 이웃을 배려하고 행동을 조심하는 마음을 갖는 것 아닐까요?

세상에서 가장 큰 소리

　세상에서 가장 큰 소리는 무엇일까요? 공사장에서 기계가 부딪치며 나는 소리일까요? 비가 올 때 하늘에서 울리는 천둥소리일까요?

　소리의 세기는 데시벨로 측정할 수 있어요. 거의 들리지 않는 소리는 0데시벨입니다. 일반적인 숨소리는 10데시벨, 나뭇잎이 흔들리는 소리는 20데시벨, 조용한 도서관에서 나는 소리는 30데시벨 정도예요. 일반적인 대화 소리는 50데시벨 정도이지요. 전화벨이나 도로의 소음, 매미 소리는 70데시벨 정도래요. 자동차 경적은 100데시벨, 천둥소리는 120데시벨 정도라고 합니다. 보통 80데시벨부터는 소음 수준으로 봐요. 그 이상의 소리에 계속 노출되면 청력이 나빠지거나 장애가 생길 수 있어요.

　인류 역사상 가장 큰 소리로 기록된 소리가 있습니다. 바로 1883년에 인도네시아의 크라카타우 섬에서 화산이 폭발하면서 난 소리예요. 이 화산 폭발음은 너무 커서 주변에 있던 사람들의 고막이 터졌대요. 또 4000킬로미터 이상 떨어진 지역에서도 소리가 들렸대요. 소리의 크기는 약 170데시벨 정도로 추정되는데, 이는 제트기 소리의 1만 배 정도입니다. 화산 폭발이 얼마나 엄청났는지, 기후에도 영향을 끼쳐서 지구 평균 기온을 1도 이상 낮췄고 세계적으로 기근을 일으켜 많은 사람이 사망했대요.

　자연의 숲에서 나는 나뭇잎 소리, 물소리, 새소리는 듣기도 좋고 사람의 마음을 편안하게 해 줘요. 하지만 자연은 때때로 엄청나게 크고 무서운 소리를 내기도 한답니다.

말 한마디로 천 냥 빚을 갚을 수 있는 대화 예절이 있다고요?
국어 4-2

▶ [4국01-04] 상황과 상대의 입장을 이해하고 예의를 지키며 대화한다.

같은 말이라도 상대방을 존중하고 예의를 지키는 대화가 있고, 상대방의 기분을 상하게 하는 대화가 있어요. 대화 **예절**을 생각하면서 다음 이야기를 읽어 봅시다.

박바우와 박 서방

옛날 어느 마을에 고기 파는 일을 하는 박바우라는 노인이 있었습니다. 어느 날, 젊은 **양반** 두 사람이 거의 같은 시간에 고기를 사러 왔어요.

윗마을에서 온 양반은 박 노인에게 이렇게 말했어요. "바우야, 쇠고기 한 근만 줘라."

"알겠습니다." 박 노인이 짧게 대답했어요.

이번에는 아랫마을에서 온 양반이 박 노인에게 이렇게 고기를 주문했어요. "박 서방, 쇠고기 한 근만 주게."

"아이고, 네. 조금만 기다리시지요." 박 노인은 미소를 띠며 친절하게 대답했습니다.

박 노인은 젊은 양반들에게 각각 고기를 주는데, 윗마을에서 온 양반이 가만히 보니 자기 고기보다 아랫마을 양반의 고기가 좋아 보이고, 양도 훨씬 많아 보였지요.

"야, 바우야! 똑같은 한 근인데 어째서 이렇게 다르게 주느냐?" 윗마을 양반이 박 노인에게 따져 물었어요. 그러자 박 노인이 대답했습니다.

"손님 것은 바우 놈이 잘랐고, 이분 것은 박 서방이 잘랐기 때문이랍니다."

단어 콕콕!

- **예절**: 다른 사람과의 관계에서 지켜야 하는 규칙이나 예의.
- **양반**: 조선 시대에 지배층을 이루던 신분으로 지위가 높다.
- **근**: 무게의 단위로, 1근은 600그램과 같다.
- **주문**: 원하는 물건이나 서비스를 요청하는 것.
- **서방**: 벼슬이 없는 사람의 성 뒤에 붙여 이르는 말.

 **퀴즈 콕콕!**

1. 본문에 대한 설명으로 알맞지 <u>않은</u> 것은 무엇인지 골라 봅시다.

    ① 윗마을 양반은 박 노인의 이름을 불렀다.
    ② 아랫마을 양반은 박 노인을 존중하며 불렀다.
    ③ 박 노인은 윗마을 양반에게 고기를 더 많이 주었다.
    ④ 가는 말이 고와야 오는 말이 곱다는 것을 알 수 있다.

2. 따라 써 봅시다.

| 미 | 소 | 를 | | 띠 | 다 | . |

▼

| | | | | | | |

정답: 1-③

문해력 콕콕!

 젊은 양반들은 왜 박 노인에게 높임말을 쓰지 않았나요?

 조선 시대에는 신분제도가 있었어요. 가장 높은 양반부터 중인, 상민, 천민으로 신분이 나뉘었어요. 박 노인은 천민이기 때문에, 양반들이 높임말을 쓰지 않은 거예요.

 그래도 나이가 많은 노인인데 젊은 사람들이 대화 예절을 잘 지키지 않아 기분이 나빴을 것 같아요.

 맞아요. 그래도 아랫마을 양반은 박 노인을 존중해 주는 말투인데, 윗마을 양반은 너무 함부로 대하는 게 느껴져요.

 요즘에는 신분과 상관없이 나이가 많은 웃어른께는 높임말을 하지요. 그리고 모르는 사람이나 여러 사람들에게 말할 때는 나이가 많지 않더라도 대부분 높임말을 써요. 그러면 높임말은 주로 어떻게 사용하나요?

 '합니다'나 '해요'라는 말을 써서 높임을 나타내요.

 '말'을 '말씀'이라고 하거나, '밥'을 '진지'라고 하는 식으로 단어를 바꾸어서 높이기도 해요.

배경지식 콕콕!

재미있는 속담 표현

'말 한마디에 천 냥 빚을 갚는다.'라는 속담 들어 봤지요? 여기서 천 냥이란 요즘 가치로 대략 1억 원 정도 될 것이라고 해요. 이렇게 큰 빚도 말 한마디로 갚을 수 있다는 것은, 말을 잘하면 어렵거나 불가능해 보이는 문제도 해결할 수 있다는 뜻이지요. 말의 중요성과 소중함을 잘 나타낸 속담입니다.

속담이란 옛날부터 전해져 내려오는 교훈이나 격언을 담은 짧은 문장을 말해요. 속담은 옛날 사람들의 오랜 경험과 지혜를 담고 있어요. 속담을 통해서 삶의 교훈이나 중요한 가치를 배울 수 있지요. 또 일상에서 대화하거나 글을 쓸 때 속담을 사용하면 표현이 더 재미있어져요. 상대방도 속담을 통해 더 쉽게 이해하고 오래 기억할 수 있습니다.

자주 사용하는 몇 가지 속담의 뜻을 살펴볼까요?

'금강산도 식후경'이라는 말이 있어요. 금강산은 옛날부터 우리나라에서 경치가 가장 아름다운 산으로 꼽혔어요. 그런데 아무리 멋진 금강산도 배가 불러야 제대로 즐길 수 있다는 뜻입니다. 즉 배가 고프면 아무 일도 할 수 없음을 표현한 말이에요.

'벼는 익을수록 고개를 숙인다.'라는 속담도 있어요. 벼의 싹을 심을 때는 줄기가 곧게 뻗어 있어요. 그런데 봄, 여름이 지나고 가을에 수확할 때가 되면 벼가 무거워져 마치 고개를 숙인 것처럼 휘어져 있어요. 이는 훌륭한 사람일수록 거만하지 않고 겸손하게 자신을 낮춘다는 의미를 담고 있어요.

모르는 속담이 나오면 무슨 뜻인지 찾아보고, 친구나 부모님과 대화할 때 그 속담을 사용해 보세요. 속담은 우리의 대화를 더욱 풍부하고 깊이 있게 만들어 줄 거예요.

너는 무슨 삼각형이니?
수학 4-2

[4수03-08] 여러 가지 모양의 삼각형에 대한 분류 활동을 통하여 이등변삼각형, 정삼각형을 이해하고, 그 성질을 탐구하고 설명할 수 있다.
[4수03-09] 여러 가지 모양의 삼각형에 대한 분류 활동을 통하여 직각삼각형, 예각삼각형, 둔각삼각형을 이해한다.

우리 주변 곳곳에서 **삼각형** 모양 물건들이 보입니다. 교통 표지, 주택의 지붕 모양, 과자나 악기 등 일상에서 삼각형 모양을 쉽게 찾을 수 있지요.

삼각형은 **변**의 길이에 따라 분류할 수 있어요. 두 변의 길이가 같은 삼각형은 이등변삼각형이라고 해요. 그리고 세 변의 길이가 같은 삼각형은 정삼각형이라고 합니다. 이등변삼각형은 길이가 같은 두 변 밑에 있는 두 각의 크기가 같아요. 정삼각형은 세 각의 크기가 모두 같다는 특징이 있어요.

모든 정삼각형은 이등변삼각형일까요? 이등변삼각형은 두 변의 길이가 같으면 됩니다. 정삼각형은 세 변의 길이가 같으므로 당연히 두 변의 길이도 같겠지요. 따라서 모든 정삼각형은 이등변삼각형이기도 해요.

그렇다면 모든 이등변삼각형은 정삼각형일까요? 이등변삼각형은 최소한 두 변의 길이가 같은 삼각형이에요. 세 변의 길이가 같을 수도 있지만, 두 변의 길이만 같을 수도 있지요. 따라서 이등변삼각형이 모두 정삼각형이라고 말할 수는 없어요.

삼각형은 **각**의 크기에 따라 분류할 수도 있답니다. 세 각이 모두 **예각**으로 이루어진 삼각형을 예각삼각형이라고 해요. 한 각이 **둔각**인 삼각형은 둔각삼각형이라고 하지요. 한 각이 **직각**인 삼각형은 직각삼각형이라고 합니다.

삼각형을 변의 길이와 각의 크기를 동시에 생각해서 분류할 수도 있어요. 두 변의 길이가 같으면서 한 각이 직각이면 이등변삼각형이기도 하고 직각삼각형이기도 하지요.

단어 콕콕!

- **삼각형**: 세 개의 선분으로 둘러싸인 도형. 변과 꼭짓점이 각각 세 개다.
- **변**: 삼각형, 사각형, 오각형 등 다각형을 이루고 있는 각 선분.
- **각**: 한 점에서 그은 두 반직선으로 이루어진 도형.
- **예각**: 90도보다 작은 각.
- **둔각**: 90도보다 크고 180도보다는 작은 각.
- **직각**: 정확히 90도인 각.

퀴즈 콕콕!

1. 다음 중 이등변삼각형의 특징이 <u>아닌</u> 것은 무엇인지 골라 봅시다.

   ① 두 변의 길이가 같다.
   ② 두 각의 크기가 같다.
   ③ 세 각의 크기가 모두 같다.
   ④ 이등변삼각형의 한 각은 직각일 수도 있다.

2. 다음 삼각형의 이름 두 가지를 써 봅시다.

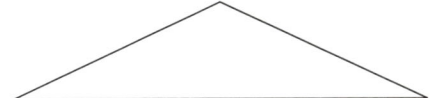

   ①
   ②

정답: 1-③, 2-이등변삼각형, 예각삼각형

문해력 쏙쏙!

 선생님, 둔각삼각형은 두 각이 둔각일 수는 없나요?

둔각삼각형이란 한 각이 둔각인 삼각형을 말해요. 두 각이 둔각이면 어떻게 될까요?

 두 각이 둔각이면 두 개의 각만으로 180도가 넘어요!

그렇죠. 어떤 삼각형이든 세 각의 합은 180도예요. 삼각형의 세 각을 잘라서 모아 보면 180도가 되지요.

 그러면 직각삼각형도 두 각이 직각일 수는 없겠네요. 직각이 두 개라면 이미 그것만으로 180도이니까요.

맞아요. 그러면 둔각삼각형이면서 정삼각형인 것도 있을까요?

 에이, 선생님. 그것도 말이 안 되는 것 같아요. 정삼각형은 세 각이 같은데 180도를 3으로 나누면 한 각은 60도잖아요. 정삼각형은 무조건 예각삼각형일 수밖에 없어요.

맞아요. 삼각형 세 각의 합과 예각, 둔각, 직각의 뜻을 정확히 안다면 삼각형을 분류하기 쉬울 거예요!

삼각형과 피라미드

고대 이집트는 나일강 주변의 비옥한 땅을 터전으로 해서 문명이 크게 발달했어요. 문화가 발달하면서 이집트 사람들은 좀 더 편하고 즐거운 삶을 누릴 수 있었지요.

이집트의 왕인 파라오는 죽어서도 현실에서처럼 편안한 삶을 누리길 원해서 영혼의 집인 피라미드를 거대하게 지었어요. 현재까지 피라미드가 80개 정도 발견되었는데, 그중에서도 기원전 2500년쯤에 만들어진 쿠푸 왕의 피라미드는 역사상 가장 큰 피라미드로 알려져 있습니다. 이 피라미드는 세계 7대 불가사의 중 하나로 꼽힐 만큼 규모도 엄청나고, 놀라울 정도로 정교해요.

피라미드는 거대한 돌로 쌓았는데, 높이가 무려 147미터나 돼요. 돌 하나가 보통 2.5톤 정도이고, 어떤 돌은 10톤이나 된대요. 이렇게 무거운 돌이 무려 230만여 개가 들어간 거예요. 거대한 돌을 빈틈없이 아주 정확하게 쌓아 올렸다고 하니 대단하지요? 아래에서부터 조금이라도 틈이 생기면 맨 꼭대기를 뾰족하게 만들지 못하기 때문에 무거운 돌 하나하나를 정확하게 재서 들어 올리며 쌓았을 거예요.

피라미드의 밑바닥은 사각형 모양이에요. 그리고 옆면은 삼각형으로 쌓아 올렸는데요. 왜 하필 삼각형이었을까요? 삼각형 모양은 무게를 골고루 나누어서 구조적으로 안정적이랍니다. 요즘 건축물을 지을 때도 삼각형 구조를 사용해서 강하고 안정적인 형태를 만들어요. 예를 들어 다리나 지붕 구조에서 삼각형은 무게를 분산시키는 데 아주 효과적이에요.

동네 사람들이 왜 서로 싸울까요?
사회 4-1

▶ [4사09-01] 생활 주변에서 찾을 수 있는 여러 가지 문제를 파악하고, 그 문제를 합리적으로 해결하는 능력을 기른다.

우리 동네를 돌아다녀 보면 불편한 일들이 가끔 생겨요. 사람들이 함부로 버린 쓰레기가 모여 있어 냄새가 나고 불쾌했던 일, 도로가 너무 막혀서 약속 시간에 늦은 일, 친구들과 함께 놀 만한 운동 경기장을 찾아 한참 헤맸던 일 등 여러 가지 문제들이 있어요. 이렇게 지역 주민들의 생활을 불편하게 하거나 주민들 사이에서 **갈등**이 일어나는 문제를 **지역 문제**라고 해요.

지역 문제는 여러 가지 종류가 있어요. 쓰레기 무단 배출과 같은 환경 문제, 주차할 곳이 부족하거나 도로가 많이 막히는 **교통 문제**, 학교 주변의 안전 문제, 공원이나 놀이터 같은 시설 부족의 문제와 같은 것들이에요.

우리 지역에 어떤 문제가 있는지 알아보려면 어떻게 해야 할까요? 지역 뉴스나 신문에서 기사를 찾아볼 수 있어요. 동네를 돌아다니면서 직접 문제를 확인해 볼 수도 있고, 지역 주민과의 **면담**을 통해 의견을 듣는 것도 좋은 방법이에요.

지역 문제를 확인한 뒤에는 문제의 원인을 찾아야 해요. 신문 기사나 통계 자료를 보면서 원인을 찾아볼 수도 있고, 지역 주민과 면담한 내용에서 문제의 원인을 발견할 수도 있어요.

문제의 원인을 찾았으면 이를 해결해야지요. 어떻게 문제를 해결해야 할지 다양한 방법들을 생각하고 서로 토의해요. 여러 가지 해결 방법 중에서 하나를 **다수결의 원칙**으로 결정할 수도 있으나, 소수의 의견도 존중해야 합니다. 마지막으로 결정한 해결책을 실천에 옮겨 지역 문제를 해결할 수 있습니다.

단어 콕콕!

- **갈등**: 서로 다른 의견이나 목표로 충돌을 일으키거나 싸우는 것.
- **지역 문제**: 지역 주민들의 생활을 불편하게 하거나 갈등을 일으키는 문제.
- **교통 문제**: 도로 혼잡, 주차 공간, 공해 등 교통과 관련된 문제.
- **면담**: 특정 주제에 대해 대화하거나 의견을 나누는 것.
- **다수결의 원칙**: 여러 사람의 의견 중 다수가 선택한 의견을 따르는 결정 방법.

 **퀴즈 콕콕!**

1. 다음 중 지역 문제에 해당하지 <u>않는</u> 것은 무엇인지 골라 봅시다.

   ① 직업 문제
   ② 교통 문제
   ③ 안전 문제
   ④ 환경 문제

2. 다음 빈칸에 알맞은 단어를 써 봅시다.

   지역 주민들의 생활을 불편하게 하고 갈등을 일으키는 문제를 □ □ □ □ 라고 합니다. 이를 해결하기 위해 문제의 원인을 찾고 해결 방법을 결정해서 실천합니다.

   정답: 1-①, 2-지역 문제

문해력 콕콕!

 학교 앞 횡단보도에서 사고가 날 뻔한 적이 있어요.

 저런, 정말 위험한 안전 문제가 생길 뻔했네요. 안전과 관련된 지역 문제를 잘 이야기했어요. 왜 그런 일이 일어났을까요?

 우리 학교 앞 신호등 시간이 너무 짧은 것 같아요. 허겁지겁 뛰는데 금방 빨간색 신호등으로 바뀌었어요.

 차나 오토바이도 학교 주변에서 너무 빨리 달려서 안전 문제가 생길 수 있어요.

 지역 문제가 일어나는 원인을 잘 찾았군요. 그러면 어떻게 이런 문제를 해결하면 좋을지 아이디어를 생각해 봐요.

 구청이나 경찰서 같은 공공 기관의 도움을 받으면 좋을 것 같아요. 신호등 시간을 더 늘려 달라고 건의해 봐야겠어요.

 학교 앞에서 친구들끼리 모여서 주변을 지나는 운전자들에게 속도를 줄여 달라고 캠페인 활동을 해 볼 수도 있어요.

 정말 좋은 방법들이네요. 여러분이 생각한 방법들을 꼭 실천해 보세요.

배경지식 콕콕!

리빙랩을 통한 주민 참여

지역 문제를 해결할 때 주민들이 중심이 되어 참여하는 것을 '주민 참여'라고 합니다. 주민들이 적극적으로 참여하면 문제를 더 깊이 이해하고, 보다 나은 해결책을 찾을 수 있어요.

주민 참여 방법 중 리빙랩(Living Lab)에 대해 알아볼까요? 리빙랩은 일상생활의 실험실이라는 뜻이에요. 실제 동네에서 주민들과 연구자, 기업, 공공 기관이 협력해서 아이디어를 개발하고 문제를 해결하는 것이죠.

리빙랩을 통해 지역 문제를 해결한 사례를 살펴볼까요? 경남 진주에 지역 농민들이 키운 농산물을 판매하는 로컬푸드 가게가 있어요. 이 가게에서는 일회용 비닐이나 플라스틱 대신 재활용 끈이나 종이를 사용해 농산물을 포장합니다. 또한 소비자가 원하는 만큼만 살 수 있도록 해 불필요한 포장을 줄였어요. 주민들의 생각과 참여 덕분에 친환경 매장이 생겼고, 동네가 더욱 살기 좋은 곳이 된 거예요.

대전 갑천에서는 매년 비가 오면 하천에 물이 넘쳐 돌다리를 건너는 사람들이 안전사고를 겪는 문제가 있었어요. 이를 해결하기 위해 주민들은 리빙랩에서 다양한 아이디어를 논의했지요. 그 결과, 드론과 카메라를 이용해 실시간으로 하천 상태를 확인할 수 있는 스마트폰 앱을 개발해서 안전사고를 줄였어요.

이 외에도 여러 지역에서 리빙랩을 통해 주민과 기업, 공공 기관이 함께 힘을 모아 지역의 문제를 직접 해결하고 있어요.

식물은 어떤 조건에서 잘 자라나요?
과학 4-1

▶ [4과04-02] 식물이 자라는 데 필요한 조건을 찾는 실험을 설계하여 수행할 수 있다.

식물은 우리에게 아주 중요한 존재예요. 맑은 공기를 내뿜기도 하고 다른 생물이 살아가도록 영양분을 주기도 하지요. 또 가만히 바라보기만 해도 편안하고 즐거운 마음이 들게 해 줍니다.

식물은 **씨**로 시작합니다. 그런데 모든 씨가 무조건 **싹**이 트는 것은 아니에요. 씨에서 싹이 트기 위해서는 적당한 조건이 필요합니다. 물과 온도가 적당해야 해요.

싹이 트는 **조건**을 확인하기 위해서는 실험을 잘 계획해야 합니다. 만약 씨에서 싹이 트는 데 물이 미치는 영향을 알아보고 싶다면, 물 이외의 조건은 모두 같아야 해요. 종류가 같은 씨를 준비하고, 흙의 양, 온도 등 조건들을 모두 같게 합니다. 그리고 한 씨에는 물을 주고 한 씨에는 물을 주지 않는 거예요.

씨에서 싹이 트는 데 **온도**가 미치는 영향을 알아보고 싶다면, 온도만 다르게 하고 나머지 조건은 모두 같게 해야 합니다. 한 씨는 평상시 온도로, 나머지 한 씨는 아주 차가운 온도에 두고 관찰하는 식으로요.

싹이 트고 잎, 줄기, 뿌리가 난 식물은 어떻게 해야 잘 자랄까요? 물을 적당히 주고, 온도를 알맞게 유지하고, 햇빛을 신경 쓰는 등 여러 가지 조건을 잘 갖추어야 식물이 잘 자랄 수 있습니다.

식물이 잘 자랄 수 있도록 조건을 잘 갖추면, 씨는 싹이 되고 무럭무럭 자라 **열매**를 맺어 다음 세대인 씨를 만들어요. 이를 **식물의 한살이**라고 합니다.

단어 콕콕!

- **씨**: 식물의 열매 속에서 장차 싹을 틔울 물질.
- **싹**: 씨, 뿌리, 줄기 등에서 처음 돋아나는 어린잎이나 줄기.
- **조건**: 어떤 일이 일어나는 데 필요한 상황이나 환경.
- **온도**: 따뜻하거나 차가운 정도.
- **열매**: 식물이 자라서 맺는 부분으로, 씨가 들어 있다.
- **식물의 한살이**: 씨에서 싹이 트고 자라서 꽃과 열매를 맺어 다시 씨를 만드는 과정.

퀴즈 콕콕!

1. 씨에서 싹이 트는 데 중요한 조건은 무엇인지 골라 봅시다.

    ① 적당한 물의 양과 온도

    ② 바람의 세기

    ③ 소리

    ④ 시간

2. 다음 빈칸에 알맞은 단어를 써 봅시다.

    식물이 자라는 데 필요한 조건은 물, 온도, 그리고 ☐☐입니다.

    씨에서 싹이 트고 자라 열매를 맺어 다시 씨를 만드는 과정을 식물의 ☐☐☐라고 합니다.

정답: 1-①, 2-햇빛, 한살이

문해력 콕콕!

 선생님! 집에서 식물이 잘 자라는 데 필요한 조건을 알아보는 실험을 하려고 해요. 무엇을 주의해야 하나요?

실험할 때 알아보고 싶은 조건만 다르게 하고 나머지 조건은 다 같게 해야 해요.

 만약에 여러 조건을 동시에 바꾸면 어떻게 되나요?

그러면 물이 부족해서 안 자란 건지, 아니면 햇빛이 없어서 안 자란 건지 헷갈리겠지요.

 아하, 그래서 조건을 하나씩만 바꾸는 거군요!

음, 저는 햇빛이 어떤 영향을 주는지 알아보고 싶어요. 그러면 같은 종류로 비슷하게 자란 식물, 흙의 양을 똑같이 한 화분 두 개를 준비해야겠어요. 물은 두 화분에 똑같이 주고요.

 햇빛만 다르게 줘야 하니까 한 화분에는 햇빛을 주고, 다른 화분은 햇빛을 볼 수 없게 종이 상자를 덮어 두면 좋겠어요.

무엇을 바꾸고, 무엇을 그대로 두는지가 중요하네요!

신기한 씨앗들

식물의 씨는 그 자체로 놀라운 생명체예요. 과학자들은 오래된 씨를 연구해 놀라운 사실들을 발견했어요. 한번은 2000년이나 된 메소포타미아 대추야자 씨앗이 발굴된 적이 있어요. 이 씨앗은 고대 유대인의 왕국이 존재하던 시기의 것이에요. 과학자들이 이 씨앗을 심었더니 믿기 어려운 일이 벌어졌어요. 2000년이나 된 씨앗에서 싹이 트고 자라났답니다. 이렇게 많은 시간이 흘러도 생명을 유지할 수 있다는 사실이 정말 신기하지 않나요?

어떤 씨앗은 싹을 틔우기 전에 특별한 조건이 필요하기도 합니다. 예를 들어 산불이 지나간 후에야 비로소 싹을 틔우는 씨앗도 있어요. 이렇게 불에 강한 씨앗들은 산불이 발생한 후 오히려 더 잘 자라나죠. 그러니 자연에서는 불이 반드시 나쁘지만은 않아요. 어떤 식물들에게는 중요한 역할을 하지요.

씨앗이 뿌리내리는 방법도 아주 다양해요. 어떤 씨앗은 바람에 날려 멀리 이동하고, 어떤 씨앗은 물에 떠서 이동해요. 심지어 동물의 털이나 발에 달라붙어 새로운 장소로 이동하는 씨앗도 있어요. 이렇게 다양한 방법으로 씨앗이 이동하는 것은 식물이 살아남기 위한 아주 중요한 생존 전략이에요. 씨앗이 각기 다른 환경에서 어떻게 적응하고 새로운 생명을 만들어 내는지 보면 식물들이 참 똑똑하게 느껴져요.

챌린지 3

표현하고 활용하기
지식을 내 것으로 만드는 실전 문해력

배운 내용을 표현하고 활용하는 것은
문해력 완성의 마지막 단계입니다.
중요한 정보를 요약하고, 생각을 말이나 글로 풀어내며
생각을 정리하고 전달하는 힘을 키울 수 있습니다.

사실과 의견은 어떤 차이가 있나요?
국어 4-1

▶ [4국02-04] 글에 나타난 사실과 의견을 구분하고 글쓴이와 자신의 의견을 비교한다.

실제 있었던 일을 **사실**이라고 하고, 어떤 일에 관한 생각이나 느낌을 **의견**이라고 합니다. 사실과 의견을 생각하면서 친구가 쓴 일기 〈독도를 다녀와서〉를 읽어 봅시다.

지난 방학 때 가족과 함께 **독도**를 다녀왔다. 평소 독도에 관심이 많아, 독도에 관한 책도 읽고 사진도 여러 장 찾아보았다. 그런데 마침 아버지께서 독도를 다녀오자고 하셨다. 책이나 인터넷에서만 접하던 독도를 직접 가 보는 것이 좋겠다고 생각했다.

우리는 울릉도에 가서 다시 독도로 가는 배를 탔다. 배가 항구를 떠나 독도로 향했다. 우리는 바다를 바라보며 독도에 관한 이야기를 나누었다. 한참을 지나 드디어 독도에 도착했다. 배에서 내려 독도에 발을 **내딛는** 순간, 이상하게 가슴이 떨렸다. 수많은 괭이갈매기가 우리를 반겨 주었다.

독도에는 괭이갈매기뿐만 아니라 슴새, 바다제비 같은 **텃새**도 산다고 한다. 또 멧도요, 물수리, 노랑지빠귀는 독도를 휴식처로 삼아 철마다 머물다 간다고 한다. 책에서만 보던 슴새나 바다제비를 직접 보니 신기하기만 했다.

독도는 **화산섬**이라서 식물이 잘 자라기 힘들다. 이런 자연환경에서도 번행초, 괭이밥, 쇠비름 같은 풀은 잘 자란다고 한다.

독도에서 동해를 바라보니 가슴이 탁 트이는 것 같았다. 우리나라 동쪽 끝 섬인 독도를 아끼고 독도에 관심을 가져야겠다고 생각했다. 아름답고 생명력 넘치는 독도가 우리 땅이라는 것이 아주 자랑스러웠다.

단어 콕콕!

- **사실**: 실제로 있었던 일.
- **의견**: 어떤 일에 대해 갖고 있는 생각.
- **독도**: 동해에 있으며 대한민국의 최동단에 있는 섬.
- **내딛다**: '내디디다'의 줄임말. 밖이나 앞으로 발을 옮겨 지금 위치에서 다른 장소로 이동한다는 뜻.
- **텃새**: 철을 따라 옮기지 않고 거의 한 지역에서만 사는 새.
- **화산섬**: 섬 전체 또는 대부분이 화산의 분출물이 쌓여 이루어진 섬.
  예) 울릉도나 하와이는 화산섬이다.

 **퀴즈 콕콕!**

1. 일기를 쓴 친구의 의견이 <u>아닌</u> 것은 무엇인지 골라 봅시다.

    ① 독도에 도착한 순간, 가슴이 떨렸다.

    ② 독도를 직접 가 보는 것이 좋겠다고 생각했다.

    ③ 울릉도에 간 뒤 다시 독도로 가는 배를 탔다.

    ④ 독도가 우리 땅이라는 것이 아주 자랑스러웠다.

2. 따라 써 봅시다.

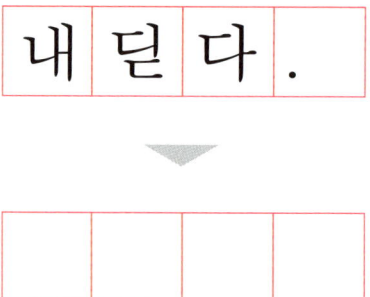

정답: 1-③

문해력 콕콕!

 선생님, 사실과 의견을 구분하는 게 약간 헷갈려요.

 조금 헷갈릴 수 있어요. 사실은 실제 있었던 일이에요. 직접 본 것, 들은 것, 한 것을 생각해 보면 돼요. 친구가 일기에서 뭘 봤다고 썼나요?

 슴새나 바다제비를 봤다고 했어요.

 그렇죠. 직접 한 일은 어떤 것들이 있나요?

 방학 때 독도에 간 일, 평소 독도에 대해 알아본 일, 바다를 바라보며 독도에 관한 이야기를 나눈 일 등이 있어요.

 맞아요. 그렇게 본 일이나 들은 일, 직접 한 일이 사실이에요. 의견은 어떤 일에 대한 생각이나 느낌이에요. 친구가 생각한 점이나 느낀 점을 찾아볼까요?

 책에서만 보던 새들을 직접 보니 신기했다고 했어요. 그리고 독도를 아끼고 독도에 더 관심을 가져야겠다고도 생각했어요.

 독도에서 동해를 보니 가슴이 탁 트이는 것처럼 느꼈다고도 했어요.

 **배경지식 콕콕!**

독도는 우리 땅이에요

독도는 우리나라 동쪽 끝에 있는 작은 섬이에요. 울릉도와 가까워서, 눈으로도 보이는 거리에 있어요.

독도는 역사적으로나 지리적으로 대한민국의 영토입니다. 현재 대한민국 정부가 관리하고 있으며, 해양 경찰이 지키고 있지요.

독도의 역사는 고대부터 시작됩니다. 《세종실록지리지》와 《동국여지승람》 같은 역사서에서 독도를 우리나라의 영토로 표시하고 있어요. 1900년에 제정된 대한제국 칙령 제41호에서는 독도를 포함한 울릉도를 관할 행정 구역으로 지정했습니다.

독도에는 우리나라의 문화와 역사적 유적이 있고, 주민들이 계속 살고 있었어요. 그런데 일제 강점기 동안 일본은 우리나라를 억압하며 독도를 불법적으로 차지했지요. 우리나라가 광복을 맞으며 독도는 자연스럽게 우리 영토로 돌아왔습니다.

그런데 일본은 1950년대부터 독도가 자기네 땅이라고 주장하고 있어요. 독도는 자원적으로 굉장히 중요한 가치가 있거든요.

독도 주변은 따뜻한 바다와 차가운 바다가 만나기 때문에 물고기들의 주요 먹이인 플랑크톤이 풍부해요. 당연히 수많은 종류의 바다 생물이 살고 있어요. 어류, 패류, 해조류 등 해산물 자원이 풍부하지요.

게다가 '불타는 얼음'이라 불리는 가스 하이드레이트(hydrate)도 독도 주변 바다에 많이 매장되어 있어요. 하이드레이트는 불에 잘 타고 이산화탄소 발생량이 적어 미래의 청정에너지 자원으로 주목받고 있어요.

독도의 가치와 중요성을 알고, 우리 땅을 아끼는 마음으로 독도를 지킵시다.

사각형마다 특징이 다르다고요?
수학 4-2

▶ [4수03-10] 여러 가지 모양의 사각형에 대한 분류 활동을 통하여 직사각형, 정사각형, 사다리꼴, 평행사변형, 마름모를 이해하고, 그 성질을 탐구하고 설명할 수 있다.

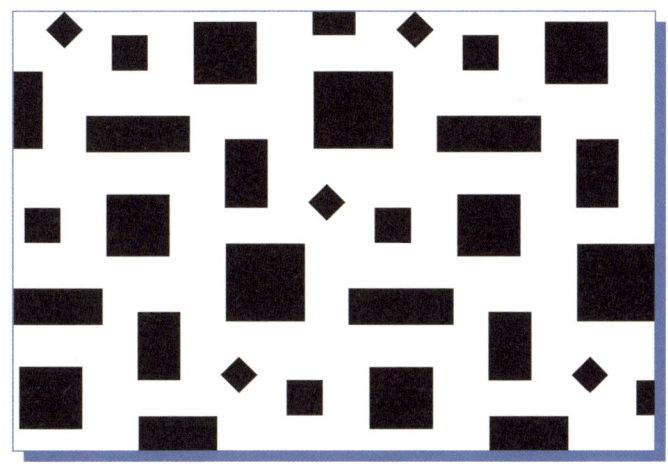

주변에서 볼 수 있는 **사각형** 모양의 물건은 무엇이 있나요? 책상, 지우개, 액자, 가방, 문⋯⋯. 아주 많이 찾을 수 있지요.

이 사각형에도 여러 가지 종류가 있어요. 여러 가지 사각형은 저마다 이름도 다르고, 특징도 다르답니다. 여러 가지 사각형을 하나씩 알아봅시다.

먼저 사다리꼴은 **평행**한 변이 한 쌍이라도 있는 사각형을 말해요. 평행한 변이 두 쌍이라면 어떨까요? 그것도 사다리꼴이지만, 좀 더 특별한 이름이 있어요. 바로 평행사변형이에요. 평행사변형은 마주 보는 두 쌍의 변이 서로 평행한 사각형을 말합니다. 평행사변형은 마주 보는 두 쌍의 변의 길이가 같고, 마주 보는 두 각의 크기도 같아요. 또 이웃하는 두 각의 합은 180도예요.

직사각형은 마주 보는 두 쌍의 변이 평행하고 길이도 같아요. 그래서 평행사변형이라고 할 수 있지만, 평행사변형은 직사각형이라고 할 수 없습니다. 왜냐하면 직사각형은 네 각의 크기도 모두 같아야 하기 때문이에요.

네 변의 길이가 같은 사각형은 마름모라고 불러요. 마름모에서 마주 보는 꼭짓점을 이은 두 선분은 서로 **수직**으로 만나요. 그리고 그 두 선분은 서로를 **이등분**합니다. 마름모는 **정사각형**과 차이가 있어요. 정사각형은 네 각의 크기도 같아야 하지만, 마름모는 네 변의 길이가 같기만 하면 돼요.

단어 콕콕!

- **사각형**: 네 개의 선분으로 둘러싸인 도형. 변과 꼭짓점이 각각 네 개이다.
- **평행**: 서로 만나지 않는 두 직선을 서로 평행하다고 한다.
- **직사각형**: 네 각의 크기가 모두 같은 사각형.
- **수직**: 서로 만나서 90도를 이루는 관계.
- **이등분**: 어떤 선분이나 각을 두 개로 똑같이 나누는 것.
  예) 4cm의 선분을 이등분하면 2cm와 2cm로 나뉜다.
- **정사각형**: 네 변의 길이가 같고 네 각의 크기도 모두 같은 사각형.

퀴즈 콕콕!

1. 다음 중 평행사변형의 특징이 <u>아닌</u> 것은 무엇인지 골라 봅시다.

   ① 네 각의 크기가 모두 같다.
   ② 마주 보는 두 변의 길이가 같다.
   ③ 마주 보는 두 쌍의 변이 서로 평행하다.
   ④ 이웃하는 두 각의 크기의 합이 180도이다.

2. 직사각형의 다른 사각형 이름을 모두 써 봅시다.

   ① _____
   ② _____

정답: 1-①, 2-사다리꼴, 평행사변형

문해력 콕콕!

 내가 사각형 퀴즈를 내 볼게. 한번 맞춰 볼래?

 좋아, 사각형 퀴즈를 다 맞춰 주지!

 마름모는 평행사변형일까요?

 정답은 그렇다! 일단 마름모에서 마주 보는 두 쌍의 변의 길이는 같아. 그리고 마주 보는 각도 모두 크기가 같아서 평행사변형의 성질을 다 가지고 있어.

 이야, 사각형 수업을 열심히 들었는데? 그러면 다음 문제를 낼게. 이 문제는 정해진 답이 없어. 이 세상의 모든 책상이 만약 직사각형이 아니라 평행사변형이라면 어떤 일이 생길까?

 오, 재미있겠는데? 음, 일단 책상이 평행사변형이면 책도 평행사변형 모양이어야 할 것 같아. 왜냐하면 책상 모서리에 책이 딱 들어가야 책상 위에 더 많은 물건을 올려놓을 수 있잖아.

 그렇겠네. 그러면 필통이나 지우개도 평행사변형 모양으로 만들어지겠다. 하하하!

배경지식 콕콕!

다각수의 규칙을 찾아라!

특정한 다각형을 만드는 수를 다각수라고 해요. 아래 그림에서 삼각형을 만드는 점의 수를 살펴보세요.

1, 3, 6, 10 등을 삼각수라고 합니다. 10 다음에는 어떤 삼각수가 올까요? 규칙을 보니 이전의 수보다 한 개씩 늘어나요. 두 번째 삼각수는 첫 번째 삼각수보다 두 개 늘어나고, 세 번째 삼각수는 두 번째 삼각수보다 세 개 늘어나요. 그러니까 다섯 번째 삼각수는 네 번째 삼각수보다 다섯 개 늘어난 15가 되겠지요.

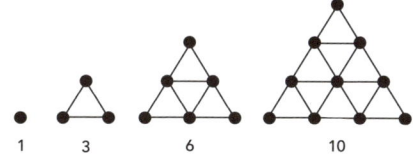

아래 그림은 사각수예요. 사각수도 자세히 보면 규칙이 있어요. 앞의 수보다 3, 5, 7과 같은 식으로 늘어나요. 그러면 다섯 번째 사각수는 무엇일까요? 16보다 9가 늘어난 25가 되겠지요.

삼각수와 사각수를 함께 볼까요? 첫 번째 삼각수와 두 번째 삼각수를 더하면 두 번째 사각수가 나와요. 두 번째, 세 번째 삼각수를 더하면 세 번째 사각수가 나오지요. 오각수의 규칙은 여러분이 직접 그려서 찾아보세요.

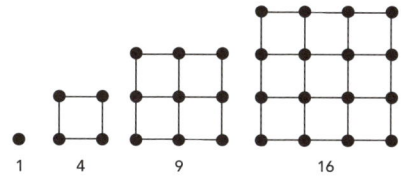

원하는 모든 것을 다 가질 수 없는 이유가 뭐예요?
사회 4-2

▶ [4사07-01] 자원의 희소성으로 인해 경제 활동에서 선택의 문제가 발생함을 이해하고, 경제 활동에서 합리적 선택의 방법에 대해 탐색한다.

장난감 가게를 가면 이것도 사고 싶고 저것도 사고 싶어요. 맛있는 식당에 가도 이 요리, 저 요리 다 시켜서 먹어 보고 싶지요. 예쁜 옷도 정말 많이 갖고 싶어요. 하지만 원하는 것을 다 살 수는 없어요. 그중에서 가장 마음에 드는 것이나 적당한 것을 **선택**해야 합니다.

우리가 살면서 이렇게 선택을 해야 하는 이유는 무엇일까요? 바로 사람들이 필요로 하거나 원하는 것은 많은 데 비해서 가진 **자원**은 부족하기 때문이죠. 이를 **자원의 희소성**이라고 합니다.

우리는 **경제 활동**을 하면서 많은 선택을 합니다. 아주 만족했던 선택도 있지만, 후회했던 적도 있을 거예요.

선택하고 난 뒤 후회했던 경험을 살펴볼까요? 용돈을 받는 날은 정해져 있는데, 용돈을 받자마자 장난감을 샀다가 나중에 용돈이 부족해서 필요한 물건을 못 사는 경우가 있어요. 물건을 사고 난 뒤 한두 번 쓰고 더 이상 쓰지 않은 적도 있을 거예요. 자신에게 꼭 필요한 물건이 아니었던 거죠. 물건을 사고 금방 망가진 경험도 있을 겁니다. 튼튼하지 않은 물건을 산 거죠.

현명한 선택을 하기 위해서는 여러 가지 **기준**을 생각해 봐야 해요. 그 물건이 꼭 필요한지, 여러 가지 물건 중에서 나에게 우선으로 필요한 것은 무엇인지, 가격이 적당하고 품질은 좋은지, 나에게 만족감을 줄 수 있는지와 같은 여러 가지 기준을 꼼꼼히 살펴본 뒤 가장 알맞은 것을 선택해야 합니다.

단어 콕콕!

- **선택**: 여러 가지 중에서 하나를 고르는 것.
- **자원**: 사람에게 유용하게 쓰이는 모든 것. 자연에서 얻는 것뿐만 아니라 사람의 기술, 노동력, 돈 등도 포함된다.
- **자원의 희소성**: 사람이 원하는 욕구에 비해 자원이나 물건이 한정되어 있는 것.
- **경제 활동**: 물건이나 서비스를 사고파는 활동.
- **기준**: 선택이나 결정을 할 때 참고하는 중요 요소나 조건.

퀴즈 콕콕!

1. 다음 중 올바른 선택을 위한 기준으로 적절하지 <u>않은</u> 것은 무엇인지 골라 봅시다.

   ① 가격이 적당한가?
   ② 나에게 꼭 필요한가?
   ③ 우선적으로 필요한 것은 무엇인가?
   ④ 다른 사람도 그 물건을 가지고 있는가?

2. 다음 빈칸에 알맞은 단어를 써 봅시다.

   사람들이 원하는 것에 비해 가진 자원이 부족한 상황을 □□□ □□□이라고 합니다. 이것 때문에 우리는 선택을 해야 합니다.

정답: 1-④, 2-자원의 희소성

문해력 콕콕!

 여러분, 물건을 사고 후회한 경험이 있나요?

 용돈을 받자마자 비싼 물건을 샀는데, 그 뒤로 돈이 부족해서 한동안 힘들었어요.

 과소비했군요. 가진 돈을 다 써 버리지 말고 조금씩 모아 두었다가 쓰는 게 좋겠어요.

 친구들이 좋아하는 아이돌 카드를 저도 따라서 샀는데요. 사실 그 아이돌을 좋아하지는 않아서 후회했어요.

 다른 사람이 사는 걸 따라서 사는 것을 '동조 소비'라고 해요. 나한테 정말 만족감을 주는 것인지, 나한테 꼭 필요한 것인지 다시 한 번 생각하고 선택하면 좋을 것 같아요.

 장난감 가게에 갔는데 재미있어 보이는 걸 막 집었어요. 결국 집에서 한두 번 놀다가 버렸어요.

 순간적인 충동으로 물건을 사는 '충동 소비'를 했네요. 물건을 사기 전에 미리 어떤 물건을 살지 계획한다면 충동 소비를 줄일 수 있어요. 앞으로는 과소비, 동조 소비, 충동 소비를 하지 않는다면 용돈을 더욱 잘 쓸 수 있을 거예요.

시간과 장소에 따라 달라지는 희소성

'희소하다'라는 말은 '부족하다'라는 뜻이에요. 그런데 무조건 양이 적다고 희소한 것은 아니에요. 예를 들어 빵이 하나밖에 없는데 맛이 없어서 아무도 원하지 않는다면 그건 희소하다고 볼 수 없어요. 많은 사람들이 원하는 양에 비해 자원이 부족할 때 희소하다고 하지요. 같은 자원이라도 시간과 장소에 따라서 희소하기도 하고, 그렇지 않기도 해요.

예전에 바나나는 아주 희소한 과일이었어요. 바나나는 우리나라 날씨에서는 재배할 수 없는 열대 과일이에요. 그런데 옛날에는 다른 나라와 교류가 활발하게 이루어지지 않았기 때문에 바나나를 구하기 어려웠어요. 그래서 가격도 비싸고, 특별한 날에만 먹을 수 있는 과일이었지요. 지금은 다른 나라와의 수출, 수입이 활발해졌기 때문에 어디서든 바나나를 살 수 있고 가격도 아주 싸답니다.

여러분도 편의점에서 컵라면을 자주 먹나요? 우리나라에서는 2000원 정도면 컵라면을 쉽게 살 수 있어요. 그런데 똑같은 컵라면이 1만 원이 넘는 경우가 있어요. 바로 스위스의 알프스산 꼭대기에서 파는 컵라면입니다. 알프스산에서 컵라면을 구하기 어려운 데다가, 특별한 경치와 추운 환경에서 먹는 컵라면은 아주 특별한 경험을 제공해서 희소성이 있어요.

이렇게 같은 자원이라도 시간과 장소에 따라서 희소성이 달라질 수 있어요. 그리고 희소한 자원은 때때로 가치가 더욱 높아진답니다.

몸무게가 가벼운 동생과 시소를 재미있게 즐기는 방법이 있나요?
과학 4-1

▶ [4과01-02] 수평 잡기 활동을 통해 물체의 무게를 비교할 수 있다.

집에서 몸무게를 재 본 적이 있나요? 공항에서 짐의 **무게**를 재거나 시장에서 채소나 과일의 무게를 잰 적은요?

이렇게 무게를 **측정**할 때 용수철의 성질을 이용할 수 있어요. 용수철에 물체를 매달면 용수철이 늘어납니다. 그 이유는 지구가 물체를 끌어당기기 때문이에요. 지구가 물체를 끌어당기는 힘의 크기를 무게라고 합니다. 용수철에 물체를 더 매달수록 용수철은 더욱 길게 늘어나요. 무게가 무거울수록 지구가 물체를 끌어당기는 힘이 더욱 커지기 때문입니다. 일상적으로 쓰는 무게의 단위는 g(그램)과 kg(킬로그램) 등이 있어요.

용수철 말고 양팔 저울로도 무게를 측정할 수 있습니다. 양팔 저울은 **수평 잡기의 원리**를 이용해서 무게를 잽니다. **수평**이란 어느 한쪽으로도 기울어지지 않는 상태를 말해요. 긴 막대를 생각해 볼까요? 막대 가운데 부분의 아래에 **받침점**을 두고 위에 긴 막대를 올려놓으면 수평 상태가 됩니다.

무게가 같은 두 물체를 긴 막대 양쪽 끝에 올렸을 때 막대가 수평을 이루게 하려면, 두 물체를 받침점으로부터 같은 거리에 두어야 해요. 무게가 다른 두 물체를 막대 위에 올려놓으면 무거운 물체 쪽으로 막대가 기울 거예요. 이때 무거운 물체를 받침점 가까이 두면 막대가 수평을 이룹니다. 받침점과 무거운 물체 사이의 거리는 가깝게, 받침점과 가벼운 물체 사이의 거리는 멀리 두면 막대는 수평을 이룹니다.

단어 콕콕!

- **무게**: 지구가 물체를 끌어당기는 힘의 크기.
- **측정**: 무게, 길이, 부피 등을 재는 것.
- **수평 잡기의 원리**: 무거운 물체는 받침점 가까이, 가벼운 물체는 받침점 멀리 두어 수평을 맞추는 원리.
- **수평**: 어느 한쪽으로도 기울지 않고 평평한 상태.
- **받침점**: 물체를 받치고 있는 부분.

 ## 퀴즈 콕콕!

1. 다음 중 무게에 대한 설명으로 옳은 것은 무엇인지 골라 봅시다.

    ① 용수철에 물체를 매달면 물체의 무게가 늘어난다.
    ② 물체의 무게는 지구가 물체를 끌어당기는 힘이다.
    ③ 용수철은 물체의 길이를 재는 도구이다.
    ④ 받침점은 저울의 무게를 잴 때 사용하는 단위이다.

2. 다음 빈칸에 알맞은 단어를 써 봅시다.

    용수철 저울은 물체의 ☐☐가 많이 나갈수록 용수철이 더 많이 늘어납니다.

    양팔 저울은 ☐☐ 잡기의 원리를 이용한 저울입니다.

    정답: 1-②, 2-무게, 수평

문해력 콕콕!

 친구들! 몸무게가 가벼운 동생과 시소를 탈 때, 어떻게 하면 둘이 수평을 맞추면서 재미있게 탈 수 있을까요?

 음, 동생이 가벼우니까 저보다 멀리 앉아야 하나요?

 맞아요! 시소에서는 무거운 사람이 받침점에 더 가까이 앉고, 가벼운 사람은 받침점에서 더 멀리 앉으면 수평을 맞출 수 있어요. 이게 바로 수평 잡기의 원리예요.

 그러면 제가 엄청나게 무겁다면 시소 받침점 가까이 앉아도 되겠네요!

 그렇죠. 받침점과의 거리를 조절하면 무거운 사람과 가벼운 사람도 시소를 재미있게 탈 수 있어요.

 사랑아, 내가 퀴즈를 한번 내 볼게. 서로 무게를 모르는 남학생과 여학생이 시소를 타다가 수평을 이루었어. 여학생이 받침점에서 더 멀리 앉았지. 몸무게가 더 무거운 사람은 누구일까?

 받침점과의 거리가 남학생 쪽이 더 가까우니까 남학생이 더 무겁겠네!

 **배경지식 콕콕!**

세상에서 가장 무거운 것과 가벼운 것은?

　세상에서 가장 무거운 것은 무엇일까요? 눈꺼풀이라고 하는 친구들도 있을 거예요. 물론 졸릴 때는 그 어느 것보다 눈꺼풀이 무겁게 느껴지지요. 난센스 퀴즈 말고 실제로 우리가 쉽게 생각할 수 있는 무거운 물건들에는 바위, 기차, 빌딩 등이 있겠지요.

　과학자들은 '세상에서 가장 무거운 것'이 바로 중성자별이라고 말해요. 우주에는 우리가 상상할 수 없을 만큼 무거운 물질들이 있는데, 가장 대표적인 예가 중성자별이에요.

　중성자별은 거대한 별이 폭발하고 남은 작은 별입니다. 비록 크기는 작아도 무게가 어마어마하지요. 중성자별 한 숟가락만 떠서 지구로 가져와 무게를 잰다면 무려 1000만 톤 정도일 거래요. 지구에서 가장 무거운 것들과 비교해도 상상하기 힘든 무게지요.

　참고로 지구에서 가장 무거운 물질 중 하나는 이리듐이라는 금속이에요. 이리듐은 부피 1리터가 22킬로그램이나 된대요. 같은 부피의 물보다 약 22배 더 무겁다는 뜻입니다.

　그럼 세상에서 가장 가벼운 물질은 무엇일까요? 바로 기체 상태의 수소예요. 공기보다도 가볍고, 세상에서 가장 흔한 물질이기도 한 수소는 우주의 탄생과도 관련이 깊어요. 우주가 처음 생겼을 때 수소도 같이 생겼어요. 이 수소가 모여서 별을 만들었다고 해요.

　세상에서 가장 무겁고 가벼운 것을 생각해 보면, 우주가 얼마나 신비로운지 새삼 놀라울 거예요.

중요한 내용을 쉽게 요약하는 방법이 있나요?
국어 4-1

▶ [4국02-02] 문단과 글에서 중심 생각을 파악하고 내용을 간추린다.

동물들이 소리를 내는 방법을 생각하며 다음을 **요약**해 보세요.

동물이 내는 소리

동물들이 소리를 내는 방식은 다양해요. **성대**를 이용하여 소리를 내는 동물도 있고 다른 부위를 이용하는 동물도 있어요.

개나 닭은 사람과 같이 성대를 울려 소리를 내지만, 다양한 소리를 내지는 못합니다. 왜냐하면 성대나 입과 혀의 생김새가 사람과 다르기 때문입니다. 그래서 몇 가지 소리만 낼 수 있어요. 동물들은 대개 서로를 부르거나 위협하기 위해서 소리를 냅니다.

매미는 **발음근**으로 소리를 냅니다. 매미는 수컷만 소리를 낼 수 있고, 암컷은 소리를 내지 못해요. 매미의 배에 있는 발음막, 발음근, 공기주머니는 매미가 소리를 내게 도와줘요. 그런데 암컷은 발음근이 발달되어 있지 않고, 발음막이 없어서 소리를 낼 수 없어요. 수컷은 발음근을 당겨서 발음막을 움푹 들어가게 한 다음 딸깍 소리를 내요.

물고기는 몸속에 있는 **부레**로 여러 소리를 내요. 부레 안쪽 근육을 **수축**하거나 부레의 얇은 막을 진동시켜 소리를 낼 수 있어요. 물고기가 조용하다고 느끼는 이유는 우리가 들을 수 없는 높낮이로 소리를 내기 때문이에요.

이처럼 동물들은 성대나 발음근, 부레를 이용해 소리를 냅니다. 그 밖에도 날개를 비비거나 꼬리를 흔들어 소리를 내는 동물들도 있어요. 이렇게 동물들은 저마다 다른 방법으로 소리를 내요.

단어 콕콕!

- **요약**: 말이나 글의 중요한 점을 간추리는 것.
- **성대**: 소리를 내는 데 필요한 기관. 사람과 일부 동물의 목에 위치하여 진동하며 소리를 만들어 낸다.
- **발음근**: 수컷 매미의 배에 있는 얇은 공기주머니. 소리를 내기 위해 발음막을 조절한다.
- **부레**: 물고기 몸속에 있는 기관. 물에서 뜨고 가라앉는 것을 조절하고, 소리를 내는 데도 쓰인다.
- **수축**: 근육이나 기관이 줄어들거나 작아지는 것.

퀴즈 콕콕!

1. 본문을 요약하려고 할 때 중요하지 <u>않은</u> 내용은 무엇인지 골라 봅시다.

    ① 동물들이 소리를 내는 방식은 다양하다.

    ② 개나 닭은 사람과 같이 성대를 울려 소리를 낸다.

    ③ 수컷 매미는 발음근으로 소리를 낸다.

    ④ 동물들은 대개 서로를 부르거나 위협하기 위해 소리를 낸다.

2. 따라 써 봅시다.

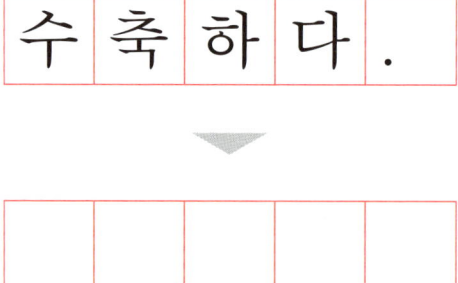

정답: 1-④

문해력 콕콕!

 어떻게 하면 본문에서 중요한 내용을 요약할 수 있나요?

 우선 문단의 중심 문장들을 생각해 보세요. 첫 문단에서 중심 문장은 무엇일까요?

 중심 문장은 보통 문단의 맨 앞이나 맨 뒤에 나와요. 첫 문단의 중심 문장은 "동물들이 소리를 내는 방식은 다양해요."예요.

 맞아요. 다음 두 번째 문단에서는요?

 선생님 잠깐만요. 그런데 문단이 정확히 무엇인가요?

 문단은 글에서 여러 문장이 모여 있는 부분이에요. 한 문단은 보통 하나의 주제를 담고 있어요. 들여쓰기가 돼 있는지 살피면 문단을 쉽게 구분할 수 있어요. 들여쓰기가 돼 있으면 새 문단이 시작한다는 뜻이에요.

 아, 이해했어요. 두 번째 문단의 중심 문장은 "개나 닭은 사람과 같이 성대를 울려 소리를 내지만, 다양한 소리를 내지는 못합니다."예요.

 그렇죠. 이런 식으로 중심 문장들을 뽑은 뒤 연결하면 중요한 내용을 요약할 수 있어요.

이야기는 어떻게 요약할까?

설명하는 글이나 주장하는 글을 짧게 요약하려면, 앞서 살핀 것처럼 문단의 중심 문장을 잘 찾아야 해요. 문단은 중심 문장과 이를 뒷받침하는 문장들로 이루어져 있어요. 그래서 각 문단의 중심 문장을 찾아 연결하면 중요한 부분을 빠짐없이 요약할 수 있지요.

그렇다면 이야기는 어떻게 요약할 수 있을까요? 친구들에게 전래 동화, 어제 본 영화, 드라마와 같은 이야기를 모두 자세하게 말하기는 힘들어요. 짧게 중요한 부분만 요약해서 말할 때는 이야기에서 빠져서는 안 되는 중요한 요소를 생각해 보세요.

이야기에서는 크게 세 가지가 가장 중요해요. 먼저 인물입니다. 이야기에서 인물은 사람이 될 수도 있고, 동물이 될 수도 있고, 물건이 될 수도 있어요. 등장인물이라고도 합니다. 이야기에는 주인공, 그리고 주인공과 관련된 인물들이 꼭 나옵니다. 전래 동화 〈토끼와 거북이〉를 예로 들면 인물은 토끼와 거북이입니다.

다음은 사건이에요. 사건은 이야기에서 일어난 일입니다. 토끼는 평소에 달리기가 빨라서 거북이를 놀렸어요. 이에 거북이는 달리기 경주를 제안합니다. 처음에 빠르게 달린 토끼는 낮잠을 자 버려요.

마지막은 배경입니다. 배경은 이야기에서 일이 일어나는 시간과 장소예요. 〈토끼와 거북이〉에서 일이 일어난 시간은 낮이고, 장소는 달리기 경주를 할 수 있는 산이나 들판이겠지요.

이렇게 이야기를 짧게 요약할 때는 인물이 누구인지, 어떤 사건이 언제 어디에서 일어났는지를 정리해 보세요.

분수는 왜 만들어졌을까요?

수학 3-1, 3-2

▶ [4수01-09] 양의 등분할을 통하여 분수의 필요성을 인식하고, 분수를 이해하고 읽고 쓸 수 있다.

친구들과 피자 한 판을 시켜서 먹고 있습니다. 똑같은 크기로 여덟 조각으로 나뉘어 있네요. 친구들과 다 먹고 나니 세 조각이 남았습니다. 먹고 남은 피자는 1보다 작은데 이를 숫자로 나타내려면 어떻게 해야 할까요?

전체를 똑같이 8로 나눈 것 중 하나를 '$\frac{1}{8}$'이라 쓰고 '8분의 1'이라 읽어요. 전체를 똑같이 8로 나눈 것 중 셋은 $\frac{3}{8}$이에요. 이렇게 $\frac{1}{8}$, $\frac{2}{8}$······ 와 같은 수를 **분수**라고 합니다. $\frac{3}{8}$에서 밑에 있는 8은 분모, 위에 있는 3은 분자라고 해요.

분모가 같을 때는 분자가 더 큰 분수가 큰 수입니다. $\frac{1}{8}$보다 $\frac{5}{8}$가 더 큰 수이지요.

분자가 1인 **단위 분수**는 분모가 클수록 작은 수예요. 전체를 2로 똑같이 나눈 것 중의 하나인 $\frac{1}{2}$과 전체를 3으로 똑같이 나눈 것 중 하나인 $\frac{1}{3}$을 비교하면 $\frac{1}{3}$이 더 작지요.

1보다 작은 분수 말고 자연수의 분수만큼은 얼마일까요? 9의 $\frac{2}{3}$만큼이 얼마인지 알아봅시다. 9를 세 묶음으로 나누면 한 묶음은 3이에요. 두 묶음은 6입니다. 따라서 전체인 9의 $\frac{2}{3}$만큼은 6입니다.

분수의 종류에는 **진분수**, **가분수**, **대분수**가 있어요. 그리고 $\frac{5}{5}$는 1과 같은데 이렇게 1부터 시작해서 하나씩 늘어나는 수를 자연수라고 불러요.

단어 콕콕!

- **분수**: 부분이 전체에서 얼마나 차지하는지 나타낸 수. 분수에서 가로선 위의 수를 분자, 아래의 수를 분모라고 한다.
- **단위 분수**: 분자가 1인 분수.
- **진분수**: 분자가 분모보다 작은 분수.
- **가분수**: 분자가 분모보다 크거나 같은 수.
- **대분수**: 자연수와 진분수를 합한 수를 나타낸 분수.

퀴즈 콕콕!

1. 다음 중 8분의 3을 올바르게 나타낸 것은 무엇인지 골라 봅시다.

   ① $\frac{8}{3}$

   ② $\frac{3}{8}$

   ③ 3.8

   ④ 8.3

2. 다음을 읽고 알맞은 답을 구해 봅시다.

   사탕 열두 개 중에서 $\frac{3}{4}$만큼을 친구들에게 나누어 주었습니다. 남은 사탕은 몇 개인가요?

정답: 1-②, 2-세 개

문해력 콕콕!

 여러분, $1\frac{5}{4}$는 어떤 분수일까요?

 대분수요!

 음, 대분수의 뜻을 다시 생각해 볼까요?

 대분수는 자연수와 진분수의 합으로 이루어진 분수예요. 1은 자연수인데 $\frac{5}{4}$는 진분수가 아닌 가분수라서 대분수는 아닌 것 같아요.

 맞습니다. 대분수의 뜻을 정확히 안다면 수학이 더 쉬워질 거예요! 이 경우에는 $2\frac{1}{4}$이 맞는 표현이지요.

 아하! 그러면 가분수와 대분수는 어떨 때 주로 쓰이나요?

 가분수는 계산하기 편리할 때가 있어요. $2\frac{1}{4}-\frac{3}{4}$ 보다는 $\frac{9}{4}-\frac{3}{4}$가 더 편하지요. 대분수는 숫자가 어느 정도 되는지 이해하기 쉬워요. $\frac{23}{7}$m보다는 $3\frac{2}{7}$m가 더 이해하기 쉽죠. 대략 3m보다 크다는 게 한눈에 보이잖아요.

 **배경지식 콕콕!**

이집트 신화와 분수

고대 이집트 신화에 나오는 오시리스는 부활의 신이에요. 그런데 오시리스의 동생 세트가 질투심에 형을 해쳐 버리지요. 오시리스의 아내는 세트를 피해 도망쳤고, 아들 호루스는 힘을 길렀어요.

성인이 된 호루스는 결국 세트와 싸워 이겨서 아버지의 복수에 성공해요. 하지만 싸우는 과정에서 왼쪽 눈이 다쳐 산산조각이 나요. 다행히 달의 신 토트가 마법을 써서 호루스의 눈을 치료해 줬어요.

토트의 마법으로 회복된 호루스의 왼쪽 눈은 달을 상징하게 되었고, 오른쪽 눈은 태양을 상징하게 되었어요. 세트를 이기고 이집트의 왕이 된 호루스는 강력한 파라오의 상징이 되었지요.

신화 속 이야기인 호루스의 눈에서 분수를 찾을 수 있답니다. 이집트인들은 호루스의 눈 전체를 1로 하여 각 부분에 분수를 썼어요. 각 분수는 후각, 시각, 생각, 청각, 미각, 촉각을 의미해요. $\frac{1}{2}$, $\frac{1}{4}$, $\frac{1}{8}$, $\frac{1}{16}$, $\frac{1}{32}$, $\frac{1}{64}$ 이렇게 분모가 2부터 시작해서 64까지 두 배씩 늘어나요. $\frac{1}{2}$부터 $\frac{1}{64}$까지 모두 더하면 $\frac{63}{64}$이에요. 마지막 $\frac{1}{64}$은 호루스의 눈을 치료해 준 달의 신 토트가 채워 준다고 믿었대요.

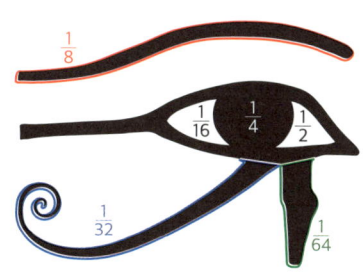

경제가 뭐예요?
사회 4-2

▶ [4사07-02] 생산과 소비 활동을 파악하고, 인적·물적 교류의 사례를 통해 각 지역 및 사람들이 상호 의존 관계를 맺고 있음을 탐색한다.

뉴스나 신문을 보면 늘 **경제**가 어렵다고 이야기해요. 어른들도 요즘 경제가 어렵다는 이야기를 자주 하시지요.

경제란 무엇일까요? 경제는 쉽게 말해서 먹고사는 일에 관한 모든 것이에요. 우리가 생계를 유지하기 위해서는 돈을 벌어 여러 가지 필요한 것들을 사야 합니다. 다시 말해 인간 생활에 필요한 **재화**나 **서비스**를 생산하고 소비하는 모든 활동이 경제예요.

우리 주변에서 다양한 **생산** 모습을 볼 수 있어요. 가게에서 물건을 파는 사람, 물건을 배달해 주는 사람, 병원에서 진료를 해 주는 의사, 머리를 잘라 주는 미용사의 모습을 본 적이 있지요? 이처럼 생활에 필요한 물건을 만들거나 우리 생활을 편리하게 해 주는 활동을 생산이라고 합니다.

 생산한 것을 사용하는 활동은 **소비**라고 해요. 문구점에서 학용품을 사는 것, 가게에서 과일이나 음식을 사는 것, 학원에서 수업을 듣는 것 등이 우리가 주변에서 쉽게 볼 수 있는 소비 활동입니다.

 사람들은 여러 가지 방법으로 생산 활동을 하고 있어요. 과수원에서 과일을 수확하거나 바다에서 물고기를 잡고, 논이나 밭에서 곡식과 채소를 얻는 방법은 생활에 필요한 것을 자연에서 얻는 활동이에요. 생활에 필요한 것을 만드는 활동도 있어요. 공장에서 과자나 라면, 장난감, 자동차 같은 것을 만드는 활동이지요. 생활을 편리하고 즐겁게 도와주는 활동을 생산하기도 해요. 물건을 운반해 주거나 공연이나 운동 경기를 하는 활동들이 이에 해당해요.

단어 콕콕!

- **경제**: 인간 생활에 필요한 재화와 서비스를 생산하고 소비하는 모든 활동.
- **재화**: 사람의 욕구를 충족시키기 위해 만들어진 모든 물건.
- **서비스**: 사람들에게 제공되는 도움이나 일. 물건이 아닌 활동.
- **생산**: 재화나 서비스를 만들어 내는 활동.
- **소비**: 생산된 재화나 서비스를 사용하는 활동.

퀴즈 콕콕!

1. 다음 중 생산의 종류가 다른 하나는 무엇인지 골라 봅시다.

   ① 학용품

   ② 자동차

   ③ 과일과 채소

   ④ 머리를 잘라 주는 일

2. 다음 빈칸에 알맞은 단어를 써 봅시다.

   생활에 필요한 물건이나 생활을 편리하게 해 주는 활동을 만들어 내는 것을 ☐☐이라고 하고, 만들어진 것을 사용하는 것은 ☐☐라고 합니다.

정답: 1-④, 2-생산, 소비

문해력 쏙쏙!

 선생님, 저희는 평소에 용돈으로 소비를 많이 하는데 생산 활동도 할 수 있을까요?

 물론이죠. 먼저 여러분이 잘하는 것이나 좋아하는 것을 생각해 보세요.

 저는 축구를 잘해요.

 저는 반려동물 키우는 것을 좋아해요.

 그러면 잘하는 것이나 좋아하는 것을 사람들에게 어떻게 제공할 수 있을지 생각해 보세요. 물건도 좋고 사람들을 즐겁게 해 주거나 편하게 도와주는 서비스도 좋아요.

 저는 축구 교실을 열어서 친구들에게 슛이나 드리블 같은 축구 기술을 가르쳐 줄 수 있을 것 같아요.

 저는 반려동물 산책 서비스를 해 줄 수 있을 것 같아요. 산책을 매일 시켜야 하는데, 가끔 시간이 안 되는 경우가 있거든요.

 그런 것들이 여러분이 할 수 있는 생산 활동이랍니다.

착한 소비

우리의 자원은 한정되어 있어서, 보통 물건을 살 때는 최대한 싸게 파는 곳을 찾아서 소비하지요. 하지만 조금 더 비싸더라도 돈을 더 주고 사는 소비 방식도 있어요. 바로 착한 소비예요. 착한 소비란 우리의 소비 활동이 사회와 환경에 좋은 영향을 주는 것을 말해요. 단순히 물건을 사는 것에서 끝나는 게 아니라, 그 물건이 어떻게 만들어졌는지까지 생각해요.

착한 소비에는 여러 가지 종류가 있어요. 먼저 환경 오염을 줄이는 제품을 사는 것이에요. 재활용이 가능한 포장재를 사용한 제품이나, 환경친화적인 재료로 만들어진 제품이 이에 해당해요. 다른 제품과 비교해서 환경 오염을 덜 일으키거나 자원 절약이 가능한 제품에는 친환경 마크가 붙어 있어요. 포장지에 친환경 마크가 표시된 제품을 산다면 지구를 보호하는 데 큰 도움이 되겠지요.

공정 무역 제품을 사는 것도 착한 소비의 한 방법입니다. 우리가 먹는 초콜릿은 대부분 코코아로 만들어지는데, 코코아는 주로 가난한 나라에서 재배됩니다. 이 지역 농부들은 아주 낮은 값에 코코아를 팔고 있어, 생계를 유지하기 어려운 경우가 많아요. 심지어 어린이들도 학교에 가지 못하고 코코아 농장에서 일해야 하는 상황도 생깁니다. 그런데 공정 무역 마크를 받은 초콜릿은 코코아를 재배하는 농부들에게 공정한 가격을 보장해요.

조금 비싸더라도 공정 무역 제품을 구매하면 가난한 나라의 농부들과 아이들에게 더 나은 삶을 선물할 수 있어요. 착한 소비는 단순히 물건을 사는 것을 넘어, 세상을 더 나은 곳으로 만들어 줘요.

물의 또 다른 이름을 알고 있나요?
과학 4-2

▶ [4과10-01] 물이 세 가지 상태로 변할 수 있음을 알고, 우리 주변에서 예를 찾을 수 있다.

　물질은 **액체**, **고체**, **기체**, 세 가지 상태로 존재합니다. 예를 들어 주변에서 쉽게 볼 수 있는 물은 액체 상태이지요. 물이 얼어서 고체 상태가 되면 **얼음**이 돼요. 물이 공기 중으로 날아가면 기체인 **수증기**가 됩니다. 물은 액체였다가 고체가 되기도 하고 기체가 되기도 하면서 상태가 변할 수 있어요.

　액체인 물이 고체 상태인 얼음으로 변할 때는 부피가 늘어납니다. 물이 담긴 페트병을 냉동실에 넣어 얼린 뒤 뚜껑을 열어 보면 얼음이 뚜껑 바로 밑까지 가득 차오른 모습을 볼 수 있어요. 원래 물인 상태보다 **부피**

가 늘어났기 때문이에요. 얼음이 다시 녹아서 물이 되면 부피는 원래대로 줄어듭니다. 무게는 늘어나거나 줄어들지 않고 그대로입니다.

물이 공기 중으로 사라져서 보이지 않는 경우가 있어요. 바닥에 물을 엎질렀다고 생각해 봅시다. 몇 시간 혹은 며칠이 지나면 물이 사라지고 없습니다. 기체 상태인 수증기로 변했기 때문이에요. 액체가 표면에서 기체로 변하는 현상을 증발이라고 합니다.

이번에는 물을 끓이는 경우를 생각해 볼까요? 물이 점점 뜨거워지다가 물 표면에서 증발이 일어날 뿐만 아니라 물 안에서도 거품이 생겨요. 이 거품은 물이 수증기로 변한 거예요. 액체가 표면과 속에서 기체로 변하는 현상을 끓음이라고 해요.

액체 상태인 물, 고체 상태인 얼음, 기체 상태인 수증기는 서로 다른 상태로 변할 수 있어요. 이를 물의 상태 변화라고 해요.

단어 콕콕!
- **액체:** 일정한 부피를 갖지만, 담는 그릇에 따라 모양이 변하는 상태.
- **고체:** 일정한 모양과 부피가 있고 쉽게 변하지 않는 상태.
- **기체:** 일정한 모양과 부피를 갖지 않고 공간을 채우려는 상태.
- **얼음:** 물이 얼어 고체가 된 상태.
- **수증기:** 물의 기체 상태.
- **부피:** 물체가 차지하는 공간의 크기.
- **무게:** 물체의 무거운 정도.
- **표면:** 가장 바깥쪽이나 가장 윗부분.

퀴즈 콕콕!

1. 물의 상태 변화에 대한 설명 중 바르지 <u>않은</u> 것을 골라 봅시다.

    ① 수증기는 물이 될 수 있다.

    ② 물이 얼면 부피는 줄어든다.

    ③ 물질은 액체, 고체, 기체 세 가지 상태로 존재한다.

    ④ 액체 표면에서 기체 상태로 변하는 현상을 증발이라고 한다.

2. 다음 빈칸에 알맞은 단어를 써 봅시다.

    액체 상태인 물이 고체 상태로 변하면 ☐☐이 됩니다.

    액체 상태인 물이 증발해서 기체 상태인 ☐☐☐로 변합니다.

정답: 1-②, 2-얼음, 수증기

문해력 콕콕!

여러분! 냉장고에서 아주 차가운 주스를 꺼내 유리컵에 부어 본 적이 있나요? 시간이 조금 지나면 유리컵 표면이 어떻게 되지요?

유리컵 표면에 물방울이 맺히고 흘러내려요. 그래서 컵 바닥도 꽤 축축해져요.

그렇죠. 그 물방울들은 어디서 온 걸까요?

컵 안의 주스가 유리컵 바깥으로 빠져나온 것 아닌가요?

음, 물방울이 주스 색깔과 다른데?

주스는 아니에요. 유리컵 뚜껑을 닫아도 유리컵 표면에 물방울이 생기거든요.

그러면 공기 중에 있는 물방울인가요?

맞아요. 공기 중의 수증기가 차가운 유리컵 표면을 만나서 물로 변한 거예요. 이렇게 기체인 수증기가 액체인 물로 변하는 현상을 응결이라고 해요.

지구에는 얼마나 많은 물이 있을까?

물은 사람의 몸 중 약 70퍼센트 이상을 차지할 정도로 중요합니다. 하루라도 물을 안 마시면 엄청 고통스럽지요. 지구에도 물은 아주 중요해요. 물 덕분에 사람, 동물, 식물이 살아갈 수 있으니까요.

지구에 있는 물을 합하면 모두 얼마나 될까요? 약 1,360,000,000,000,000,000,000리터(13해 6,000경 리터)라고 해요. 정말 엄청나지요?

그런데 이 물들을 모두 먹거나 사용할 수 있는 건 아니에요. 지구에 있는 물이 액체, 고체, 기체 상태로 존재하기 때문이지요. 바다, 강, 호수, 하천은 액체 상태인 물입니다. 1년 내내 녹지 않는 만년설이나 빙하는 고체 상태예요. 공기 중에는 눈에 보이지 않는 기체 상태로 수증기가 존재해요. 지구에 있는 물 중에 97퍼센트는 바닷물이에요. 그리고 만년설이나 빙하가 약 1.8퍼센트, 지하수가 약 0.9퍼센트예요. 호수나 강에 있는 물은 약 0.02퍼센트라고 해요. 그리고 공기 중 수증기로 약 0.001퍼센트가 있대요.

바닷물이나 빙하 등을 제외하면, 우리가 실제로 사용할 수 있는 물은 전체 물 중에서 0.0075퍼센트에 불과하대요. 세계 인구 70억 명이 사용하기에는 부족하지요. 게다가 환경 오염으로 우리가 사용할 수 있는 깨끗한 물이 점점 줄어들고 있어요. 우리에게 없어서는 안 되는 중요한 물을 소중히 여기고 지켜야 해요.

한글이 위대한 이유가 뭐예요?
국어 4-1

▶ [4국04-05] 언어가 의사소통과 관계 형성의 수단임을 이해하고 국어와 한글을 소중히 여기는 태도를 지닌다.

한글이 위대한 이유

박영순

지구상에는 많은 언어가 있지만, 현재 사용하고 있는 문자의 종류는 약 50개밖에 안 돼요. 이 중에서 우리가 사용하고 있는 한글이 우수한 문자라는 것은 이미 잘 알려진 사실이에요.

한글이 우수한 문자인 이유는 첫째, 한글의 **제자 원리**가 독창적이고 과학적이기 때문입니다. 한글 모음자의 경우, 하늘, 땅, 사람을 본떠 각각 기본 문자인 •, ㅡ, ㅣ를 만들고 ㅗ, ㅏ, ㅜ, ㅓ와 같은 나머지 모음자를 만들었어요. 한글 자음자의 경우, **발음 기관**의 모양을 본떠 기본 문자인 ㄱ, ㄴ, ㅁ, ㅅ, ㅇ을 만들고, 여기에 **획**을 더하거나 같은 문자를 하나 더 써서 ㅋ, ㄲ과 같은 자음자를 만들었습니다.

둘째, 한글은 적은 문자로 많은 소리를 적을 수 있는 **음소 문자**입니다. 한글은 자음자와 모음자 24자로 많은 **음절**을 적습니다. 그래서 사람의 입에서 나오는 대부분의 소리를 효과적으로 적을 수 있어요.

셋째, 한글은 쉽고 빨리 배울 수 있어요. 영어 알파벳은 26자이지만 소문자, 대문자, 인쇄체, 필기체를 합치면 100자가 넘어요. 중국어에서 사용하는 문자는 약 3500자이며, 일본의 가나 문자 역시 모든 문자를 따로 익혀야 해요. 반면에 한글은 기본이 되는 자음자 다섯 개, 모음자 세 개만 익히면 다른 문자도 쉽게 익힐 수 있어 문자를 배우는 데 드는 시간이 매우 절약됩니다.

(국어교과서 발췌 및 재구성)

단어 콕콕!

- **제자 원리**: 문자를 만들 때의 원리. 한글은 자연의 모습을 본떠 모음을 만들고, 발음 기관의 모양으로 자음을 만들었다.
- **발음 기관**: 혀, 입술, 목구멍 등 소리를 내는 데 쓰는 신체 기관.
- **획**: 글자에서 한 번 그은 선이나 점.
- **음소 문자**: 소리를 나타내기 위해 자음과 모음을 조합하여 음절을 형성하는 문자 체계.
- **음절**: 한 번에 소리 낼 수 있는 소리마디.

퀴즈 콕콕!

1. 한글이 위대한 이유로 알맞지 <u>않은</u> 것을 골라 봅시다.

   ① 지구상의 모든 문자 중에서 가장 우수하다.

   ② 한글의 제자 원리가 독창적이고 과학적이다.

   ③ 한글은 다른 문자에 비해 쉽고 빠르게 배울 수 있다.

   ④ 적은 수의 문자로 많은 소리를 효과적으로 적을 수 있다.

2. 따라 써 봅시다.

| 적 | 을 | | 수 | | 있 | 다 | . |

▽

| | | | | | | | |

정답: 1-①

문해력 콕콕!

 여러분! 오늘은 한글날이네요. 우리가 이렇게 스마트폰으로 편하게 대화를 나눌 수 있는 건 세종 대왕이 만드신 한글 덕분이지요.

 아, 다른 나라 문자보다 한글이 스마트폰으로 대화하기에 더 편한가요?

 그럼요. 스마트폰으로 문자를 보낼 때 한글로는 5초면 되는 문장을 중국어나 일본어로는 35초가 걸린다는 연구가 있어요. 스마트폰뿐만 아니라 컴퓨터 자판도 한글로 문장을 입력하는 게 훨씬 편하답니다.

 중국어만 해도 정말 많은 한자를 입력해야겠네요.

 맞아요. 스마트폰의 자판을 잘 살펴보세요. 엄청 간단하지요?

 자음자와 모음자의 획을 더하는 원리가 있어서 단어나 문장을 만들 때 더 간편한 것 같아요.

 누구나 쉽고 빠르게 글자를 입력할 수 있는 한글, 기계에서 쓰기에도 정말 편하네요!

 **배경지식 콕콕!**

세종 대왕과 훈민정음

지금 우리가 쓰고 있는 한글의 역사는 조선 시대인 1443년으로 거슬러 올라갑니다. 당시 조선의 왕이었던 세종 대왕은 백성들을 사랑하고 그들의 삶에 관심이 많았어요.

그 시절 우리 민족은 지금과 같은 말을 사용했지만, 글자는 중국의 한자를 썼어요. 그런데 한자는 배워야 할 글자도 많고 어려워서 양반들만 배울 수 있었어요. 백성들은 농사를 짓고 먹고살기에도 바빴기 때문에 한자를 배우기는 어려웠어요. 글을 읽지 못하고 자기 생각을 글로 쓸 수도 없어 여러 가지 억울한 일도 많이 당했어요. 이를 안타깝게 여긴 세종 대왕은 백성들이 배우기 쉬운 문자를 만들기로 결심했습니다.

세종 대왕은 밤낮으로 연구하면서 발음 기관의 모양과 하늘, 땅, 사람의 모양을 바탕으로 새로운 자음과 모음 체계를 만들었어요. 이렇게 탄생한 문자가 훈민정음이에요. 훈민정음은 '백성을 가르치는 바른 소리'라는 뜻이에요. 백성들은 총 28개 글자만으로 아주 쉽게 자기 생각을 자유롭게 읽고 쓸 수 있게 됐지요.

서울 광화문 광장에는 세종 대왕 동상이 있는데, 왼손에 책 한 권이 들려 있어요. 바로 《훈민정음 해례본》으로, 훈민정음을 만든 까닭과 목적, 사용법 등이 담겨 있어요. 《훈민정음 해례본》은 세계적으로도 그 가치를 인정받아 세계 기록 유산으로 지정되었어요. 또한 유네스코에서는 세계 곳곳에서 문맹 퇴치에 공을 세운 개인이나 단체에 매년 '세종 대왕상'을 주면서 한글의 정신을 기리고 있습니다.

소수는 어디에 쓰이나요?
수학 3-1, 4-2

▶ [4수01-13] 자릿값의 원리를 바탕으로 소수 두 자리 수와 소수 세 자리 수를 이해하고 읽고 쓸 수 있다.

　　1보다 작은 수를 나타내는 데 분수를 쓸 수 있습니다. 그런데 분수 말고 다른 방법으로도 수를 나타낼 수 있어요. 바로 **소수**로 나타낼 수 있습니다. 소수는 분수에서 나왔어요.

　　전체를 10으로 똑같이 나눈 것 중의 하나는 분수로 $\frac{1}{10}$이지요. $\frac{1}{10}$을 '0.1'이라 쓰고 '영 점 일'이라 읽어요. $\frac{2}{10}$, $\frac{3}{10}$, …… $\frac{9}{10}$ 를 0.2, 0.3, …… 0.9라고 해요. 0.1이 두 개면 0.2, 세 개면 0.3, 열 개면 1이지요. 0.1과 0.10은 같은 수로, 보통 뒤의 0은 생략합니다. 7과 0.3만큼은 '7.3'이라 쓰고 '칠 점 삼'이라고 읽어요.

185

$\frac{1}{100}$은 소수로 '0.01'이라 쓰고, '영 점 영일'이라고 읽어요. 전체를 100으로 나눈 것 중 한 개를 뜻해요. $\frac{31}{100}$은 소수로 0.31입니다. 0.01이 31개 있는 것이지요. $\frac{1}{1000}$은 '0.001'이라 쓰고, '영 점 영영일'이라고 읽어요. 0.019는 $\frac{19}{1000}$이고 0.001이 19개 있는 거예요.

소수의 자리는 어떻게 나타내는지 봅시다. 3.72에서 3은 일의 자리 숫자이고 3을 나타내요. 7은 소수 첫째 자리 숫자이고 0.7을 나타내지요. 2는 소수 둘째 자리 숫자이고 0.02를 뜻합니다.

두 소수가 있을 때 어떤 소수가 더 큰지 어떻게 알 수 있을까요? 소수의 크기 비교는 **자연수** 부분을 먼저 비교하고 그다음 소수 첫째 자리 수, 둘째 자리 수, 셋째 자리 수 순서로 **비교**하면 됩니다.

단어 콕콕!

- **소수**: 자연수가 아닌 수를 점을 찍어서 나타낸 수.
- **소수의 자리**: 소수의 자리는 소수점 뒤에 나오는 수가 몇 개인지에 따라 결정된다. 소수점 뒤에 숫자가 하나 있으면 소수 한 자리 수, 소수점 뒤에 숫자가 세 개 있으면 소수 세 자리 수라고 한다.
- **자연수**: 0보다 큰 수로 1, 2, 3과 같이 셀 수 있는 수.
- **비교**: 어느 수가 더 큰지 알아보는 방법. 자릿값이 높을수록 더 큰 수이고, 자릿값이 같다면 다음 자릿수를 비교한다.

 **퀴즈 콕콕!**

1. 다음 중 가리키는 숫자가 다른 하나는 무엇인지 골라 봅시다.

   ① $\dfrac{250}{1000}$

   ② $\dfrac{25}{100}$

   ③ 0.25

   ④ 0.025

2. 다음 두 소수를 비교해서 >, <, = 중 알맞은 기호를 써 봅시다.

$$4.536 \bigcirc 4.538$$

정답: 1-④, 2-<

문해력 쏙쏙!

 1을 $\frac{1}{10}$배 하면 어떤 수인가요?

 1을 10조각으로 나눈 것 중에 하나니까 0.1요!

 그렇죠. 그럼 1을 $\frac{1}{1000}$배 하면요?

 1을 1000조각으로 나눈 것 중 하나이니까 0.001요!

 아주 좋아요. 그럼 0.001을 10배 하면요?

 0.001이 10개 있으니 0.01이 되겠네요.

 그럼 0.001을 100배 하면 어떤 수일까요?

 10배 한 것이 0.01이었으니 또 10배 하면 0.1요! 음, 뭔가 규칙이 있는 것 같아요.

 소수를 10배 하면 소수점이 오른쪽으로 한 칸 옮겨지고, $\frac{1}{10}$배 하면 소수점이 왼쪽으로 한 칸 옮겨지네요!

스포츠 기록과 소수

분수는 오래전부터 있었지만, 소수는 비교적 최근에 만들어졌어요.

우리 주변에서 소수가 쓰이는 경우는 쉽게 볼 수 있지요. 34.5kg처럼 몸무게를 잴 때, 10.3℃처럼 날씨 뉴스에서 기온을 나타낼 때 소수를 써요.

특히 스포츠 경기에서는 소수 첫째 자리 수, 소수 둘째 자리 수에 따라 승패가 갈리는 경우가 많아요. 그래서 아주 작은 소수의 차이도 굉장히 중요하지요. 2009년 세계 육상 선수권 대회 100m 달리기에서 우사인 볼트 선수는 9.58초 만에 달려서 세계 신기록을 세웠어요. 이는 직전 세계 기록을 0.11초 앞당긴 것입니다. 2등으로 달린 타이슨 게이는 9.71초를 기록했지요. 우사인 볼트와 타이슨 게이의 기록은 불과 0.13초밖에 차이가 나지 않습니다.

우리나라에도 자랑스러운 운동선수들이 많이 있어요. 피겨 스케이팅은 빙판에서 음악에 맞춰 스케이팅 기술을 선보이는 경기예요. 김연아 선수는 피겨 스케이팅에서 세계 최고 점수인 228.56점을 받았어요. 이 기록은 7년 동안이나 세계 최고 점수로 유지될 정도로 높은 점수였어요.

스켈레톤 경기는 선수가 엎드린 자세로 썰매를 타서 얼음 트랙을 빠르게 내려오는 경기예요. 윤성빈 선수는 평창 동계 올림픽 스켈레톤 경기에서 네 번 경주를 했고, 합쳐서 3분 20.55초를 기록하며 금메달을 땄어요.

소수 덕분에 몸무게, 온도, 경기 기록 등에서 아주 작은 차이를 정확하게 알 수 있습니다.

옛날에는 형제가 많았다고요?
사회 4-2

▶ [4사03-01] 최근 사회 변화의 양상과 특징을 파악하고, 그로 인해 나타난 생활 모습의 변화를 탐색한다.

오늘날 우리나라 사회의 모습은 예전과 크게 변했어요. 조부모님, 부모님 세대에는 형제도 네다섯 명씩 있었고, 학교에 학생도 많았습니다. 그런데 요즘은 형제도 거의 없고, 학생도 많이 줄어 문을 닫는 학교가 늘고 있어요. 그리고 노인 **인구**가 예전보다 많이 늘어났어요. 이러한 사회 현상을 **저출산·고령화** 현상이라고 해요.

저출산 현상이 심해지는 것을 막기 위해 정부는 다자녀 가정에 여러 가지 혜택을 주거나 부모가 걱정 없이 아이를 키우도록 지원을 해 줘요. 고령화 현상으로 늘어난 노인들을 위해 의료 시설과 **복지 제도**를 늘리고,

노인 일자리도 많이 늘리고 있습니다.

정보화도 우리 사회의 중요한 변화 모습입니다. **정보**와 지식이 중요한 역할을 하는 사회를 정보화 사회라고 해요. 예전에는 정보를 얻으려면 도서관에 가서 책을 보거나 했어요. 그런데 지금은 스마트폰, 컴퓨터, 인터넷으로 언제 어디서든 쉽게 정보를 찾을 수 있지요. 정보화는 우리 사회를 크게 변화시켰어요. 집에서 온라인으로 쇼핑하는 것, 스마트폰 인공 지능 애플리케이션으로 내 취향의 곡을 자동으로 추천받아 음악을 감상하는 것 등 우리는 정보화의 발전에 따른 혜택을 누리고 있지요.

마지막으로 교통과 통신이 발달하면서 세계 여러 나라가 아주 가깝게 **교류**하며 **세계화**가 이루어지고 있어요. 비행기를 타고 하루 만에 외국에 다녀오기도 하고, 세계 여러 나라의 문화, 물건, 기술 등을 우리나라에서도 쉽게 접하면서 서로 가까워지고 있답니다.

단어 콕콕!

- **인구**: 특정 지역에 사는 사람 수.
- **저출산·고령화**: 출산율이 낮아지고 노인 인구가 증가하는 현상.
- **복지 제도**: 사회 구성원들이 기본적인 생활을 누릴 수 있도록 정부가 제공하는 여러 가지 지원 및 서비스.
- **정보**: 어떤 사실이나 내용을 전달하는 데이터나 지식.
- **교류**: 사람이나 물건, 기술, 문화 등을 서로 주고받는 것.
- **세계화**: 세계 여러 나라가 다양한 분야에서 서로 교류하고 영향을 주고받으며 가까워지는 현상.

퀴즈 콕콕!

1. 다음 중 오늘날 사회 변화로 나타난 모습이 <u>아닌</u> 것은 무엇인지 골라 봅시다.

   ① 노인 인구가 늘어났다.

   ② 학생 수가 많고 형제가 많아졌다.

   ③ 정보와 지식이 점점 더 중요해졌다.

   ④ 세계 여러 나라가 서로 가까워지고 있다.

2. 다음 빈칸에 알맞은 단어를 써 봅시다.

   오늘날 중요한 사회 변화 모습에는 ☐☐☐·☐☐☐, ☐☐☐, ☐☐☐가 있습니다.

정답: 1-②, 2-저출산·고령화, 정보화, 세계화

문해력 콕콕!

 선생님! 너무 화가 나요! 온라인에서 누가 악성 댓글을 달았어요. 얼굴이 안 보인다고 말을 함부로 하는 것 같아요.

저런! 정보화로 인해 나타난 악성 댓글이나 사이버 언어 폭력 문제가 심각하네요. 인터넷에서 글을 쓰더라도 상대에게 예의를 지켜야 하는데요.

 스마트폰 중독 문제도 있어요. 친구들을 보니 횡단보도를 건너면서도 스마트폰을 해서 위험한 때도 있더라고요.

맞아요. 인터넷이나 스마트폰을 사용하는 시간을 정하고 이용하면 좋을 것 같네요. 이 밖에도 인터넷에서 개인 정보가 유출되는 문제, 다른 사람의 창작물을 함부로 사용하는 저작권 침해 문제, 거짓 뉴스가 빠르게 퍼지는 문제 등이 나타나기도 해요.

 세계화로 인해서 나타나는 문제점도 있나요?

물론이죠. 각 나라의 전통문화가 사라지기도 하고요. 국경을 넘어 이동하는 사람이 많아지면서 바이러스도 예전보다 아주 빠르게 퍼지고 있어요. 정보화와 세계화가 우리 사회를 편리하게 해 주지만, 부정적인 영향을 주는 것에도 대비를 해야 해요.

세계로 뻗어 가는 우리 문화

한국의 대중문화가 세계적으로 유행하는 현상을 한류(Korean Wave)라고 해요. 우리나라 사람들이 좋아하는 아이돌, 라면, 드라마와 같은 것들이 국경을 넘어 전 세계 사람들에게도 사랑을 받고 있지요. 다양한 분야에서 사랑받고 있는 한국 문화를 살펴볼까요?

K-POP은 한국의 대중음악 장르입니다. BTS, 블랙핑크와 같은 K-POP 아이돌 그룹이 세계적인 인기를 얻고 있어요. 이들은 누리 소통망과 스트리밍 플랫폼을 통해 전 세계 팬들과 소통해요. K-POP의 성공은 외국인들이 우리 음악을 단순히 듣는 것을 넘어서 한국 문화에 관한 관심과 이해를 높이는 데 도움을 주고 있어요.

K-콘텐츠는 드라마, 영화, 웹툰, 예능 프로그램 등 다양한 창작물들을 말해요. 〈기생충〉이나 〈오징어 게임〉 같은 영화와 드라마가 세계적으로 엄청난 인기를 끈 적이 있지요. 이 작품들은 한국의 독특한 이야기와 누구나 느낄 수 있는 감정을 담아내 전 세계 시청자들에게 공감을 얻었어요.

한국 음식도 K-푸드라고 불리며 외국인들에게 널리 알려졌어요. 김치, 비빔밥, 불고기 등이 대표적이지요. 한국 음식은 건강하고 맛있는 재료로 만들어 많은 사람에게 사랑받고 있어요. K-푸드로 한국의 음식 문화가 널리 알려지고 다른 문화와 섞여서 새로운 요리 스타일이 만들어지기도 하지요. 우리나라 문화는 이처럼 다양한 분야에서 세계화와 함께 발전하고 있습니다.

왜 산에서 불이 나오고 땅이 젤리처럼 흔들릴까요?

과학 4-2

▶ [4과11-04] 화산 활동과 지진이 우리 생활에 미치는 영향을 조사하여, 대처 방법을 실천할 수 있다.

재난 영화를 본 적이 있나요? 산에서 불꽃과 돌멩이가 튀어나오고 뜨거운 용암이 흘러나와요. 땅이 쩍쩍 갈라지면서 흔들리는 지진을 피해 급하게 도망가는 영화 속 장면을 보면 손에 땀이 나지요. 그런데 이런 일이 실제로 왜 일어나는 걸까요?

땅속 깊은 곳은 온도가 너무 높아서 암석이 녹을 정도입니다. 이렇게 뜨거운 액체 상태의 암석을 **마그마**라고 해요. 마그마 덩어리가 많아지면 가끔씩 마그마 안에 있는 가스의 압력도 높아지면서 폭발적으로 튀어나옵니다. 마그마가 지표면 위로 나오면서 만들어진 땅의 모습을 **화산**이라고 해요. 화산이 **분출**할 때 여러 가지 상태의 물질이 함께 나옵니다. 기체인 화산 가스, 액체인 용암, 고체인 화산 암석 조각과 화산재 같은 것들이지요.

한편 지구 내부에 있는 지층이 오랫동안 힘을 받으면 휘다가 결국 끊어질 수 있어요. **지층**이 끊어질 때 땅이 흔들리면서 지진이 발생하는 것이에요. 얇은 스티로폼 판 양 끝을 양손으로 잡고 안쪽으로 힘을 주어 보세요. 스티로폼 판이 점점 휘다가 어느 순간 뚝 끊어지겠지요. 그때 양손으로 떨림이 전해지는데요. 지진도 이와 마찬가지로 지층이 끊어지면서 땅이 떨리고 흔들리는 것이지요.

지진의 크기는 **규모**라는 숫자로 나타냅니다. 규모가 클수록 강한 지진이 발생했다는 뜻이에요. 규모가 큰 지진이 나면 땅이 갈라지거나 산사태가 일어날 수도 있어요. 그리고 건물과 도로가 부서지면서 사람에게 피해를 줄 수도 있지요.

단어 콕콕!

- **마그마**: 지구 내부에서 높은 온도 때문에 녹은 암석 덩어리.
- **화산**: 마그마가 지표로 분출하여 생긴 산이나 지형.
- **분출**: 물질이 솟구쳐서 뿜어져 나오는 현상.
- **지층**: 지구 표면 아래에 있는 암석의 층.
- **규모**: 지진의 크기를 나타내는 단위.

퀴즈 콕콕!

1. 다음 중 틀린 설명을 골라 봅시다.

① 지진의 규모가 클수록 피해가 클 수 있다.

② 마그마가 지표로 나오는 현상을 화산 분출이라고 한다.

③ 지층이 휘다가 끊기면 지진이 발생한다.

④ 지진의 규모가 클수록 용암이 더 많이 나온다.

2. 다음 빈칸에 알맞은 단어를 써 봅시다.

화산 분출물에는 기체인 화산 ☐☐, 액체인 ☐☐, 고체인 ☐☐☐가 있습니다.

지층이 끊어지면서 땅이 흔들리는 것을 ☐☐이라고 합니다.

정답: 1-④, 2-가스, 용암, 화산재, 지진

문해력 콕콕!

 여러분, 만약 지진이 일어나면 어떻게 해야 할까요?

 빨리 밖으로 도망가야 하지 않을까요?

 당장 지진으로 건물이 흔들리고 천장에서 무언가 떨어진다고 생각해 봐요. 밖으로 나가려다가 더 위험해질 수 있지요.

 우선 안전한 곳에서 몸을 보호하는 게 중요하겠네요. 흔들림이 멈출 때까지 튼튼한 책상 밑에 숨어야 할 것 같아요.

 아주 좋은 방법이에요.

 만약 밖에 있다면 어떻게 해야 하나요?

 밖에 있을 때는 건물에서 유리창이나 간판이 떨어질 수 있으니 넓은 공터로 이동하는 게 안전해요.

 지진이 나면 엘리베이터도 위험하다고 들었어요.

 맞아요! 지진이 났을 때는 정전으로 엘리베이터가 멈출 수도 있거든요. 엘리베이터 대신 계단으로 대피해야 해요.

물속에서도 지진이 일어난다고?

지진은 땅 위에서만 일어나는 것이 아니라 바닷속에서도 발생할 수 있어요. 바닷속에서 지진이 일어나면 그 힘이 물속으로 퍼져 나가면서 거대한 파도가 생기는데, 이를 지진 해일이라고 불러요. 즉 지진의 충격으로 바닷물이 갑자기 많이 움직이면서 지진 해일이 생기는 거예요.

2004년 인도네시아 근처 인도양에서는 규모 약 9.2 정도의 큰 해저 지진이 일어났어요. 이때 지진 해일이 발생해서 많은 나라가 엄청난 피해를 입었지요. 최대 높이 30미터에 달하는 지진 해일은 주변을 처참하게 파괴했어요. 14개국에서 거의 23만 명이 사망, 역사상 가장 많은 사망자가 발생한 자연재해였지요.

지진 해일은 바닷물의 양이 많아질수록 그 힘이 세지기 때문에 해안가에 도착할 때 큰 파도로 변해요. 때로는 10미터 이상의 높은 파도로 해안에 닿을 수 있고, 엄청난 속도로 밀려와서 사람이나 건물에 큰 피해를 줄 수 있어요.

그래서 지진 해일 경보나 특보가 나오면 즉시 해안에서 벗어나 높은 곳으로 대피하는 것이 중요합니다. 그리고 수 시간 동안 더 높게 여러 번 발생할 수 있으니 지진 해일 특보가 끝날 때까지 안전한 곳에서 기다려야 해요. 지진 해일은 지진의 여파로 바다에서 일어나지만, 그 파괴력은 땅 위의 지진 못지않게 크답니다.

6주 만에 완성하는
초등 교과서 문해력 챌린지

제1판 1쇄 인쇄 | 2025년 8월 7일
제1판 1쇄 발행 | 2025년 8월 14일

지은이 | 김영주
펴낸이 | 하영춘
펴낸곳 | 한국경제신문 한경BP
출판본부장 | 이선정
편집주간 | 김동욱
책임편집 | 마현숙
교정교열 | 박선영
저작권 | 백상아
홍보마케팅 | 김규형·서은실·이여진·박도현
디자인 | 이승욱·권석중

주   소 | 서울특별시 중구 청파로 463
기획편집부 | 02-360-4556, 4584
홍보마케팅부 | 02-360-4595, 4562   FAX | 02-360-4837
H | http://bp.hankyung.com   E | bp@hankyung.com
F | www.facebook.com/hankyungbp
등   록 | 제 2-315(1967. 5. 15)

ISBN 978-89-475-0182-8 73700

책값은 뒤표지에 있습니다.
잘못 만들어진 책은 구입처에서 바꿔드립니다.